앞만 보는 엄마
뒤돌아선 아이

앞만 보는 엄마 뒤돌아선 아이

초판 1쇄 인쇄 2013년 11월 22일
초판 1쇄 발행 2013년 11월 27일

글 | 홍미용 그림 | 김지현
펴낸이 | 연준혁 기획 | 스토리로직
스콜라 부문대표 | 황현숙
출판 5분사 편집장 | 배재성
제작 | 이재승

펴낸곳 | ㈜위즈덤하우스
출판등록 | 2000년 5월 23일 제13-1071호
주소 | 경기도 고양시 일산동구 장항동 846번지 센트럴프라자 6층
전화 | (031)936-4000 팩스 | (031)903-3891
전자우편 | scola@wisdomhouse.co.kr 홈페이지 | www.wisdomhouse.co.kr
종이 | 월드페이퍼 인쇄 · 제본 | ㈜현문

ⓒ홍미용, 2013
ISBN 978-89-6247-403-9 04810 ISBN ISBN 978-89-6247-401-5(세트)

이 책은 저작권법에 따라 보호받는 저작물이므로 무단전재와 무단복제를 금지하며,
이 책 내용의 전부 또는 일부를 이용하려면 반드시 저작권자와 ㈜위즈덤하우스의 동의를 받아야 합니다.
※ 잘못된 책은 바꿔 드립니다. ※ 책값은 뒤표지에 있습니다.
※ 스콜라는 ㈜위즈덤하우스의 아동 · 청소년 브랜드입니다.

국립중앙도서관 출판시도서목록(CIP)

앞만 보는 엄마 뒤돌아선 아이 / 글: 홍미용 ; 그림: 김지
현. — 고양 : 스콜라, 2013
  p. ;   cm

ISBN 978-89-6247-403-9 04810 : ₩10800
ISBN 978-89-6247-401-5(세트) 04810

동화(이야기)[童話]
813.8-KDC5 CIP2013024215

글 홍미용 | 그림 김지현

스콜라

머리말

공부하는 엄마 기쁘지 아니한가?

'난 엄마처럼 안 살 거야.'

어린 시절 어머니를 보며 자주 생각했습니다. 늘 자식에 대한 걱정과 염려가 끊이지 않았던 어머니. 100점짜리 시험지를 들고 오면 다음에 혹시 성적이 떨어질까 걱정, 혼자 책 보고 있으면 친구들이랑 잘 어울리는 못한다고 걱정, 친구들과 신 나게 놀고 있으면 공부는 언제 하느냐고 걱정. 어머니의 사랑에는 늘 그림자처럼 불안과 걱정이 드리워져 있었지요. 그래서 어머니를 볼 때마다 마음 한구석이 무거웠습니다. 환하게 웃는 행복한 엄마의 모습을 실컷 보지 못했기에, 나는 나중에 '아이 키우는 일이 행복한 엄마'가 되겠다고 다짐하곤 했습니다.

어느새 나는 어른이 되었고 또 엄마가 되었습니다. 하지만 어릴 적 바람과는 달리 나는 행복한 엄마가 되지 못했습니다. 오히려 아이 키우는 일이 점점 더 힘들어지는 고달픈 엄마가 되어 있었습니다. 자식에 대한 걱정 근심은 끝이 없고 잔소리는 그칠 줄 모릅니다. 인정하기 싫었지만, 내가 아이에게 하고 있는 행동은 꼭 예전의 나의 어머니의 모습이었습니다. 심지어 딸아이로부터 "난 엄마처럼 안 살 거야. 내 일은 내가 알아서 할 테니 잔소리로 자식 그만 괴롭혀요! 제발 엄마 좋은 거 하면서 사세요."라는 말까지 듣게 되었지요.

좋은 엄마가 되어 아이와 행복하게 지내기를 바랐지만, 정작 좋은 엄마가 되려면 어떻게 해야 하는지 그 방법은 잘 알지 못했습니다. 그저 제 자식 하나 공부 잘하도록 똑똑하게 키우는 것이 엄마 역할을 잘하는 것이라고 생각하고 있었지요. 하지만 아이는 부모의 기대만큼 공부를 썩 잘하지는 못했습니다. 성적으로 아이를 판단하는 주변의 시선에 속상할 때도 많았고 자식 교육에 무능력하다는 자책도 많이 했습니다. 엄마란 역할은 어려운 숙제나 힘든 의무처럼 여겨졌습니다. 이런 엄마와 살아야 하는 아이도 물론 행복하지는 않았겠지요.

어느 날 아이가 그러더군요.

"나에게만 공부하라고 하지 말고 그렇게 힘들면 엄마도 공부 좀 해

요! 좋은 엄마 되는 공부! 모르니까 짜증나지."

도둑질하다 들킨 사람처럼 부끄럽고 당황스러웠습니다. 그리고 엄마라는 사람으로 살아가야 하는 저의 고민은 더욱 깊어졌습니다. 어쩌면 이 책은 딸아이의 그 말 한마디에서 시작되었는지 모릅니다.

이 책은 자식 교육 문제로 좌충우돌하던 동기 엄마가 자식을 통해 새롭게 인생 공부를 하게 되는 내용입니다. 동기 엄마는 공부도 제대로 못하면서 엉뚱하게 요리를 배우겠다는 아들과 사사건건 충돌합니다. 엄마는 아이의 행동을 이해할 수 없고, 아이는 엄마의 마음을 알 수 없습니다. 공부를 사이에 두고 모자 사이의 갈등은 커져만 갑니다. 이야기 속에서는 결국 서로를 이해하고 화해하는 과정을 겪으면서 진정한 공부가 무엇인지를 알게 됩니다만, 현실에서는 조금 더 어려울지 모릅니다.

공부란 자신이 어떤 사람인지 알아 가고, 원하는 것을 이루기 위해서 무엇을 준비해야 하는지를 고민하고 배우는 것입니다. 아이든 엄마든 마찬가지일 겁니다. 부모의 역할이란 자식의 삶에 필요한 것들을 대신 해 주는 것이 아니라 스스로 배우도록 그 과정을 지켜봐 주고 격려해 주는 것입니다. 엄마는 간섭하는 사람이 아니라 조력자입니다. 그러기에 엄마에게는 아이의 마음을 공감하고 아이의 생각을 이해하는 것이 가장 우선 되어야 할 공부이지요. 또한 엄마들 스스로 자신이 어떤 사람인지 무엇을 원하는지 잘 알고, 그것에 단단히 뿌리를 내리는 것이 중요합니다.

　딸아이를 키우면서 엄마 스스로가 온전하게 한 사람의 독립된 존재로 살아가는 것이야말로 좋은 엄마가 되는 지름길이라는 걸 뒤늦게 깨달아 갑니다. 공부를 단지 시험 성적 잘 받기 위해서 하는 것으로만 생각한다면 아이도 엄마도 모두 힘들고 지치게 됩니다. 스스로 하지 않는 공부는 성적을 올리기에도 가장 비효율적인 방법이니까요. 공부의 노예가 되지 말고 공부의 주인이 되는 삶을 꿈꾸어 봅니다. 공부를 자신의 인생을 살아가는 데 필요한 것을 미리 경험하고 배우는 과정으로 받아들인다면, 우리의 공부는 행복해지지 않을까요?

홍미영

머리말 공부하는 엄마 기쁘지 아니한가? ●4

여자 행복어 사전 ●10

구제불능 엄마 ●16

소원 나무 ●48

영어로 된 요리책 ●74

엄마들의 속풀이 방 ●96

동화 쓰기 강좌 ●110

실패를 통해 배우는 것 ●126

단편 동화 공모 ●152

세상과 소통하기 ●164

뜻밖의 제안 ●178

학부모를 위한 특강 ●189

엄마, 공부 할래! ●204

여자 행복어 사전

묵직한 것이 승희의 가슴을 짓누른다.

승희는 공연히 점심에 대학 동창들과 먹은 스파게티 탓을 했다. 맛도 없는 게 소화도 안 된다고. 하지만 이건 소화제로 해결될 체증이 아니라는 걸 그녀는 잘 알고 있다.

'야! 이제 너도 좀 이기적으로 살아라. 결혼하더니 완전히 무수리 인생이잖아! 계집애야, 무슨 영화를 누리겠다고 직장을 때려치웠니. 네 자리 꿰찼던 정숙이, 걔 요즘 아주 잘 나간다.'

'계집애들! 지들이나 잘 살지 웬일로 남의 걱정을 하고 있어?'

불편했던 기분에 새로운 걱정까지 끼어들었다.

'그나저나 저녁은 뭘 해 먹지……. 이 사람은 오늘도 늦나?'

식구들의 삼시 세끼 먹거리를 책임져야 하는 변하지 않는 현실. 심란해진 마음을 다잡기 위해선 이것만큼 강력한 치료제도 없다. 승희는 엘리베이터 안의 거울을 보며 처진 입꼬리와 눈에 힘을 주었다.

"학원은 다녀 온 거야?"

"……."

"숙제는 했어?"

"……."

"집안 꼴은 이게 뭐야?"

쏟아지는 잔소리 폭포수에도 아들 동기는 묵묵부답이다.

"당장 텔레비전 꺼! 너 엄마 말 듣고 있는 거야?"

"알았어! 금방 끝나."

소금 뿌린 낙지처럼 축 늘어져 소파에 들러붙어 있던 녀석이 간신히 몸을 일으킨다. 그리고는 들릴 듯 말 듯 구시렁거린다.

"치……. 아줌마들만 만나고 오면 짜증이셔! 오늘도 공부 잘하고 말 잘 듣는 친구 아들이 엄청 열 받게 했나 보지?"

승희가 폭발한 것은 친구 아들이 아닌 오로지 동기 때문이었다. 녀석은 얼마나 마음이 급했던지 학원 가방, 점퍼, 자전거 열쇠, 양말까지 죄다 현관에 내팽개쳐 놓았다. 그것이 끝이 아니었다. 현관에서 폭탄 맞은 집은 부엌에선 완전히 초토화 돼 있었다. 조리대 위엔 각종 조리기구와 뚜껑 열린 양념 병들이 나뒹굴고, 가스레인지 위에는 끓다 넘친 음식물이 눌러 붙어 있었다. 그렇지 않아도 속이 부글거렸던 승희는 얼굴이 후끈거리고 뒷목까지 당기는 걸 느꼈다.

승희의 눈에 불꽃이 튀었다.

"나동기! 너 도대체 뭐하는 놈이야? 당장 이리 못 와!"

분위기가 심상치 않자 동기는 생쥐처럼 민첩해졌다.

"엄마, 왜 그래?"

하지만 승희에게는 기어들어가는 아들의 목소리가 들리지 않았다. 그저 너저분한 식탁 위에 있는 커다란 스테인리스 냄비에서 눈을 떼지 못하고 있었다. 아니, 좀 더 정확하게 말하자면 승희의 시선은 냄비 밑에 깔린 책 한 권에 꽂혀 있었다.

《여자 행복어 사전》

다니던 출판사를 정리하면서 마지막으로 기획했던 책. 승희에겐 각별한 의미가 있는 책이다.

"너 어떻게 이럴 수가 있니? 엄마가 이 책을 얼마나 아끼는지 알면서 이런 짓을 해?"

"난 또 뭐라고……. 급해서 깜박했지 뭐."

바짝 긴장했던 동기가 맥 없이 대꾸한다.

"너 지금 그걸 말이라고 하는 거야?"

"누가 잘했대? 잠깐 실수한 거지."

"끝까지 잘했다는 거야?"

승희가 다시 목소리를 높였다.

"그렇게 아끼는 책이면 엄마가 간수를 잘 해야지! 그 책 만날 식탁에서 뒹굴던데 뭐!"

동기는 미안한 기색이 전혀 없이 오히려 그녀에게 책임 전가를 한다.

"뭐? 너 지금 말 다했어? 뭘 잘했다고 엄마한테 버릇없이 말대꾸야! 꼴 보기 싫으니까 당장 꺼져! 빨리 꺼져 버려!"

전에 없이 흥분한 엄마의 모습에 '어, 엄마가 정말로 화가 나셨나?' 동기가 당황스러워하는데, 때맞춰 현관문이 벌컥 열렸다.

"다 저녁에 왜 또 이 난리야?"

남편의 목소리였다.

모처럼 일찍 퇴근한 남편은 양미간에 짙은 주름을 만들며 불편한 심기를 드러냈다. 모자지간의 언쟁은 늘 있는 일상사인데도, 남편은 매번 적응이 되지 않는 모양이다. 들고 온 서류 봉투를 탁자에 던지듯 내려놓고는 고개를 절레절레 흔들었다.

"아빠, 다녀오셨어요."

9회 말 주자 만루에 반가운 구원 투수라도 만난 듯 동기는 얼른 인사를 하고 아빠 눈치를 살폈다. 그러고는 재빨리 방으로 쏙 들어가 버렸다. 잠시 어색한 침묵이 흐르고 남편이 승희를 바라보며 입을 뗐다.

"무슨 일인진 잘 모르겠지만 당신은 방법이 틀렸어. 아이를 야단치려면 차분하게 앉혀 놓고 조목조목 알아듣게 나무라야지. 지금 애랑 싸우는 거야 뭐야? 만날 소리나 지르고! 그 모양이니 애가 엄마 말을 듣겠어? 엄마나 애나 똑같아. 제대로 하는 게 하나도 없으니 누구 탓을 하겠냐고."

남편은 오래된 축음기에서 똑같은 레퍼토리를 다시 틀어댔다. 오는 날이 장날이라고 했던가? 승희에게 오늘은 정말 이래저래 일진이 좋지 않은 날이다. 아들 때문에 머리끝까지 치솟았던 분노가 어느 틈에 남편으로 인한 서러움으로 바뀌었다.

"그래 다 내 잘못이야! 내가 아이를 잘못 가르쳐서 그래. 그런데 그러는 당신은? 당신은 뭘 얼마나 잘하는데? 내가 누구 땜에 이러고 사는지 몰라? 나는 뭐 좋아서 이러는 줄 알아? 자식이라면 나도 아주 지긋지긋해. 넌덜머리가 난다고! 죽어라 뒤치다꺼리해 봐야 누구 하나 고마워하는 인간도 없고 내가 왜 이러고 살아야 하냐고. 당신! 억울한 내 속을 알기나 해? 남편이고 자식이고 다 필요 없어!"

승희는 그만 울컥하고 말았다. 온종일 참았던 감정이 둑이 터지듯 무너지기 시작했다. 억지로 참자니 더욱 눈물이 났다. 그녀는 아이처럼 엉엉 소리까지 내며 울었다.

무슨 일인가 싶어 빼꼼히 머리를 내밀었던 동기도 놀랐는지 슬그머니 문을 닫았다. 어른이 그것도 늘 자기를 야단치고 혼을 내던 엄마가 눈물을 뚝뚝 흘리면서 운다는 것이 믿기지 않는 모양이었다. 할 말을 잃고 당황스럽기는 남편도 마찬가지였다.

저녁 내내 승희는 온몸의 수분이 다 빠져나갈 때까지 실컷 울고 또 울었다.

구제불능 엄마

아들은 학교로 남편은 회사로 떠나고 나니 오전이 후딱 지나 버렸다. 청소에 세탁기까지 돌리고 나니 벌써 점심때다. 갈증이 났다. 승희는 며칠 전 동창 모임에 다녀온 후부터 유난히 목구멍에서 뜨거운 게 자주 올라온다.

'벌써 갱년긴가? 왜 이렇게 열이 나는 거야.'

차가운 냉수를 단숨에 들이켰다.

점심을 간단히 때운 승희는 소파에 비스듬히 앉아 집안을 둘러보며 머리를 굴렸다. 며칠 전에 결심한 계획을 실천하기 위해서다. 동기가 학교에서 돌아오기 전까지는 몇 시간의 여유가 있다.

17
뒤돌아선 아이

'이제부터는 그 시간을 아무에게도 방해 받지 않는 나만을 위한 시간으로 활용해야지.'

승희는 그 시간을 어떻게 보낼까 궁리했다.

습관적으로 가장 먼저 떠오른 건, 역시 독서였다. 읽을 책을 찾아 서재로 가다 민망했던 그날이 떠올랐다. 대성통곡을 했던 아픈 기억이 생생하게 다시 되살아났다. 그날 이후 승희는 《여자 행복어 사전》을 탁자에서 치웠다. 눈에 보이지 않게 책장 제일 아래 구석에 처박아 버렸다. 그 생각을 하니 갑자기 책이 보기 싫었다.

승희는 근처 주민 센터와 백화점 문화 센터의 교육 프로그램을 살펴보기로 했다. 꼼꼼히 살펴보니 의외로 다양한 프로그램이 운영되고 있었다. 먼저 눈에 띈 것은 주로 아이들 교육에 도움이 되는 강좌들이었다. 승희는 몇 개 관심이 가는 강좌에 대해 알아보기 위해 전화를 했다.

그런데 괜찮은 강좌들은 하나 같이 모두 정원이 마감된 상태였다. 이미 개강 시즌이 지나 버려 신청할 수도 없고, 그나마 자리가 비었더라도 대기자들이 기다리고 있었다. 그래서 괜히 혼자서 '서예나 배워 볼까? 아니면 건강을 위해서 기공 체조를 해 볼까?' 등 이런저런 헛된 구상만 잔뜩 했다.

'동네 아줌마들은 뭐하나? 아니! 오늘은 혼자 지내고 싶어. 마트나

가 볼까? 별로 살 것도 없잖아. 영화나 보러 갈까? 아니 혼자서는 처량해. 다시 독서?'

승희는 얼굴이 화끈거렸다.

'치! 고기도 먹어 본 놈이 먹는다고 시간이 있으면 뭐하냐고.'

하지만 다행인지 불행인지 승희만을 위한 여유는 그리 오래 지속되지 않았다.

승희의 여유를 깨뜨린 주범은 리코더였다. 동기가 아침에 현관 신발장 위에 두고 간 리코더가 화근이었다. 오후에 실기 시험 본다고 밤늦게까지 삑삑대더니, 정작 등교할 때는 놓고 가는 치명적인 실수를 한 것이다. 처음에는 그냥 놔두려고 했다. 모르는 척하려고 했다. 오히려 잘 된 일이라고 생각했다. 한 번 크게 혼나 봐야 정신을 차릴 거라고도 생각했다. 더구나 며칠 전에 승희는 결심까지 했었다.

'나도 이제 밑지는 장사 안 한다! 죽이 되든 밥이 되든 그냥 놔둘 거야. 절대 참견하지 않을 거라고. 먼저 챙겨 주지도 않을 거야. 일아시다 해 주니까 고마운 줄도 모르고 만날 불평이나 하고.'

하지만 급하게 현관을 나서면서 정작 아쉬운 건 동기가 아니고 바로 자신이라는 걸 깨달았다. 엄마는 자식의 불이익을, 자식의 실수를 그냥 두고 볼 수 없게 프로그래밍 되어 있었다. 원래부터 이길 수 없는 게임에 놓인 바보 같은 존재라는 걸 새삼 깨달았다.

이제 막 점심시간이 끝났는지 교실은 어수선했다. 승희는 담임선생님 눈에 띄지 않고 리코더만 살짝 건네줄 요량으로 뒷문을 서성거렸다. 뭐하나 잘하는 것이 없는 아들이 혹여 선생님 눈 밖에라도 날까 봐 조심스러웠다. 학교만 오면 그렇지 않아도 콩알만 한 간이 더 쪼그라들도록 불안했다. 하지만 늘 그렇듯 승희의 나쁜 예감은 오늘도 어김없이 딱 들어맞았다.

'뭐야? 뭘 또 잘못한 거야?'

담임선생님은 책상에 앉은 채 단호한 표정으로 뭔가를 지시하고 있고, 동기는 풀이 죽은 채 고개를 푹 숙이고 있었다. 그러더니 동기가 갑자기 뭔가 통사정을 하는 것 같았다. 승희는 가슴 속에서 천불이 났다. 무슨 일인지 궁금해 미칠 지경이었지만 교실 안으로 들어갈 수는 없는 노릇이다.

"안녕하세요?"

"어. 안녕!"

교실로 들어가던 바른이였다. 유치원 때부터 지금까지 줄곧 주변 엄마들의 부러움과 시샘의 대상이었던 아이. 공부면 공부, 운동이면 운동, 악기면 악기! 못하는 것이 없고 게다가 얼굴도 예쁘고 예의까지 깍

듯했다.

"동기가 리코더를 두고 가서."

"제가 전해 줄게요."

"고맙다. 그런데 동기한테 무슨 일 있니?"

승희는 리코더를 건네주면서 조심스레 물었다.

"아, 저번에 본 수학 시험 점수가 나왔거든요! 동기가 성적이 좋지 않아서 선생님께 꾸중을 듣나 봐요."

"그래, 어서 들어가 봐. 수업 시작하겠다."

"안녕히 가세요."

바른이의 공손한 인사가 끝나기가 무섭게 승희는 씩씩거리면서 잽싸게 복도를 빠져나왔다.

'내가 진짜 미쳐! 나동기 너 이 자식 어디 두고 보자. 오기만 해 봐라. 오늘은 절대 그냥 안 넘어가. 두들겨 패서라도 끝장을 봐야지. 저러다 자식 놈 하나 있는 게 사람 구실도 제대로 못하면 어떡해!'

승희는 씩씩거리며 동기가 오기를 기다렸다. 그러자니 그동안 동기가 자신을 애먹이고 속 썩였던 기억들이 줄줄이 떠오르면서 시간이 지날수록 더 부아가 치밀었다.

"근데 이 자식은 왜 이렇게 안 와? 또 딴 데로 샌 거 아니야?"

승희는 자신도 모르게 소파에서 벌떡 일어났다. 그때 조용히 문이 열리며 평상시와는 다르게 동기가 얌전하게 거실로 들어섰다.

"다녀왔……."

인사고 뭐고 승희는 고래고래 소리부터 질렀다.

"너 도대체 뭐하는 놈이야?"

"왜 그러세요?"

평상시에 잘 쓰지도 않던 존댓말을 써 가며 동기는 뭔가 또 변명을 하려는 것 같았다.

"왜 그러세요? 지금 그걸 몰라서 묻는 거야? 내가 너보고 언제 일등하래? 왜 기본도 못하냐고? 꼴좋다. 이제 공부 못하는 걸로 모자라 반 평균까지 까먹으면서 애들한테 민폐를 끼쳐?"

갑자기 아까 자신을 빤히 쳐다보던 바른이의 모습이 떠올랐다.

"내가 망신스러워서 진짜. 아까는 바른이 보기 진짜 창피하더라. 바른인 엄마 손 하나 안 빌리고도 전교 일등에 못하는 게 하나 없는데. 넌 뭐냐? 준비물에 학원에 하나부터 열까지 내 잔소리 없으면 알아서 하는 게 하나라도 있어? 그러니 공부라고 잘할 리가 없지. 바른이 좀 봐라. 걔 보면 뭐 느끼는 거 없어? 같은 반 됐다고 좋아하더니 바른이 보기 창피하지도 않니?"

순간 동기가 발끈했다.

"내가 뭘 그렇게 잘못했어? 공부 좀 못하는 게 큰 죄야? 나보다 공부 못하는 애가 얼마나 많은데……."

"뭐? 너 지금 그걸 말이라고 해. 기가 막혀서……."

승희는 자기보다 공부 못하는 애가 더 많다는 말을 아무렇지도 않게 하는 아들 녀석이 괘씸했다. 자기 잘못은 하나도 인정 안 하고 오히려 엄마에게 화를 내는 동기가 밉살스러웠다.

"너 정말 뭘 잘못했는지 몰라? 내가 공부만 가지고 이러는 거야? 스스로 알아서 하는 게 뭐가 있어. 잔소리 없인 아무것도 안 되잖아. 내 아들이지만 너 참 구제불능이다. 아무짝에도 쓸모없는 구제불능이라고!"

'아, 그래도 이건 아니다. 구제불능이라니?'

승희는 속으로 '아차!' 했다. 아무리 화가 나도 아이에게 절대 해서는 안 되는 말이 있다는 것은 알고 있다. 하지만 자신의 잘못을 절대 인정하지 않는 동기에게 이대로 물러날 순 없었다. 게다가 이미 승희의 입은 그녀의 통제를 벗어났다. 동기도 만만치가 않았다. 이쯤에선 잘못했다고 해 줘야 하는데 그럴 기미가 없었다.

"그래 맞아. 나 구제불능이야. 이제 속이 시원해? 누가 이렇게 구제불능으로 낳아 놓으래? 바른이가 그렇게 좋으면 데려다가 엄마가 키워. 나대신 같이 잘 살아 보라고! 나만 없어지면 되겠네!"

동기는 분에 못 이겨 눈물을 뚝뚝 흘리면서 메고 있던 가방을 거실에 내팽개치고는 나가 버렸다.

"너 거기 못 서!"

쾅!

문 닫히는 소리가 거실에 크게 울리고 승희는 순간 기운이 쭉 빠져 버렸다.

"여보! 큰일 났어요! 9시가 넘었는데 동기가 여태 집엘 오지 않아요! 어떡해요!"

겁에 잔뜩 질린 목소리로 승희가 울먹거렸다. 그녀는 아까 일을 생각하니 더욱 자신이 원망스럽고 한심했다. 아무리 화가 나도 그렇지 자식에게 아무 짝에도 쓸모없는 구제불능이라는 차마 입에 담아서는 안 되는 말을 내뱉어 버린 것이 내내 후회가 됐다.

전화기 너머로 "후유." 하는 짧은 한숨 소리가 실려 왔다.

"무슨 일인데 이렇게 호들갑이야!"

"아까 내가 야단을 좀 쳤는데 그때 나가서 아무 연락이 없어요!"

"학원이나 친구들에게 연락해 봤어?"

"아무 데도 없어요. 어떡해요. 내가 미쳤지! 애가 시험 좀 못 본 것 가지고. 한두 번 있는 일도 아닌데. 내가 좀 참아야 했는데……. 경찰에 실종 신고라도 해야 할까 봐요. 설마 우리 동기한테 무슨 일은 없겠죠? 나 정말 동기 없인 못 살아요!"

횡설수설 승희는 도무지 정신이 없었다.

"제발 진정 좀 해! 일단 다시 한 번 연락해 볼 만한 데 좀 찾아보고 있어. 지금 들어갈 테니까."

남편은 냉정하게 전화를 끊어 버렸다.

'나는 엄마 자격도 없어. 어떻게 애한테 그런 말을……. 동기야 미안해. 제발 무사해야 할 텐데.'

승희는 주섬주섬 자동차 키와 핸드폰을 챙겼다. 어서 파출소에 가서 실종 신고라도 해야 할 것 같았다. 이렇게 맥 놓고 남편 오기만을 기다릴 수는 없었다. 전화해 볼 만한 곳도 더 이상은 없었다.

띠리링!

화들짝 놀란 승희가 단숨에 수화기를 집어 들었다.

"동기니?"

"나다!"

친정 엄마였다.

"엄마 나 어떻게! 우리 동기가……."

승희는 차마 말을 잇지 못했다.

"진정해라. 동기 여기로 오고 있단다. 너 걱정할까 봐 전화했다."

"정말요?"

"그래. 동기가 전화했더라. 내가 역으로 지금 나가니까 걱정하지 말고 내일 데리러 와라. 도착하면 다시 전화 하마."

승희는 속으로 수십 번도 더 '고맙습니다.'를 되뇌었다. 갑자기 참았던 눈물이 마구 쏟아졌다.

심야 고속버스는 한가했다.

손님이라곤 승희, 젊은 남녀 한 쌍과 나이 지긋한 노인이 전부였다. 갑자기 피로가 한꺼번에 밀려왔다. 안전띠를 매고 좌석을 뒤로 잔뜩 젖힌 채 깊숙하게 몸을 기댔지만 잠은 오지 않았다.

"도대체 당신은 애 교육을 어떻게 시켰길래 벌써부터 제 맘에 안 든다고 집을 나가? 그런 녀석은 고생 좀 해야 돼! 근데 그걸 못 참고 또 쪼르르 달려가서 데려오려고? 올 때도 혼자 오라고 해. 그래야 다시는 그런 행동 안 하지. 이번에 정말 어영부영 넘어가면 안 된다고."

친정으로 향하는 그녀에게 남편은 도리어 언성을 높이며 화를 냈다.

제멋대로인 아들 녀석도 미웠지만 승희는 남편의 그런 태도가 더 못마땅했다.

'평소에 도와주는 것도 없으면서 일이 벌어진 후에 아이 야단만 치면 되는 줄 아나 봐.'

승희는 기어코 밤차에 몸을 실었다.

서울을 빠져나갈 때 조금 밀리던 버스는 고속도로에 진입하자 막힘없이 죽죽 도로를 내달리기 시작했다. 설핏설핏 선잠이 드는가 싶더니 이내 뭔가 가슴을 짓누르는 답답함이 다시 도졌다. 몸은 피곤한데도 정신은 점점 말똥말똥해졌다.

'도대체 내가 지금 뭘 하고 있는 거지?'

'내가 제대로 하고 있는 걸까?'

승희는 자신에게도 동기에게도 확신이 없다는 생각이 들었다. 그럴수록 내가 자식을 잘 키울 수 있을까라는 의심과 걱정이 점점 더 강해졌다.

승희의 우울한 심정과는 상관없이 버스는 바람소리를 내며 열심히 종착지를 향해 달렸다. 얼마나 시간이 지났을까. 낯익은 주변 풍경이 눈에 들어왔다. 점점 친정집이 가까워질수록 승희의 감정도 누그러들기 시작했다. 좋은 일은 아니지만 모처럼 친정에 간다는 생각에 마음이 조금 풀어졌다.

"네, 알았어요! 내일 아침 일찍 올라갈게요. 네 알았다고요! 동기요? 잠깐만요."

승희는 손바닥으로 수화기를 꽉 틀어막았다. 눈짓으로 동기에게 전화를 받으라고 했다. 서울에서 남편에게 전화가 왔을 때부터 두 귀를 쫑긋 세웠던 동기였다. 하지만 동기는 강하게 고개를 가로저었다. 그러더니 잽싸게 화장실로 내뺐다.

"동기 화장실 갔나 봐요. 좀 있다 전화하라고 할게요."

동기가 안심하는 표정이다.

"아빠가 그렇게 무서우면서 어떻게 집 나갈 생각은 했니?"

"엄마도 아빠는 무서워하잖아."

"여기까지 와서 싸우고 싶진 않어. 그만두자."

모자 사이에 잠시 어색한 침묵이 흘렀다. 어젯밤 늦게 도착한 엄마를 보지 못하고 잠들었던 동기는 아침에 엄마 눈치를 약간 살피는 거 같았다. 하지만 그것도 잠시였다. 자신이 얼마나 큰일을 저질렀는지 까먹은 채 텔레비전에만 정신이 팔려 있었다.

"고구마 먹자!"

어느새 친정 엄마가 따끈하게 찐 고구마를 내왔다. 세 사람은 다정하게 모여 앉았다. 하지만 동기는 고구마를 먹으면서도 텔레비전에서 눈을 뗄 줄 몰랐다. 뭐가 그리 재밌는지 낄낄대고 웃더니 배까지 움켜쥐고 데굴데굴 구르기 시작했다.

'이 판국에 웃음이 나오나 보네?'

승희는 아무리 철이 없어도 너무 속이 없는 아들을 보고 있자니 피식 쓴웃음이 나왔다.

"야, 나동기! 너 지금 나이가 몇 살인데 할머니 무릎을 베고 누워?"

승희가 눈살을 찌푸렸지만 동기는 아는지 모르는지 전혀 신경 쓰지 않았다. 친정 엄마가 가만히 손사래를 치며 말렸다.

"하루 맘 편하게 지내게 두렴. 우리 손자는 뭐가 그렇게 재밌누?"

친정 엄마는 동기의 머리를 쓰다듬으며 다정하게 말을 걸었다.

동기는 자신에게 관심을 보여 주는 외할머니가 좋은지 목소리를 높여 대답했다.

"요리사 얘기! 짱 재밌어!"

어느새 손자와 외할머니는 요리 방송 이야기에 흠뻑 빠져들었다. 소곤소곤 대화도 끊이질 않았다. 피곤한 승희는 별 감흥 없이 두 사람을 물끄러미 쳐다보곤 했다.

"어?"

그런다가 문득 승희의 눈이 번쩍했다. 동기가 초롱초롱한 눈으로 주변의 모든 것을 다 빨아들일 것 같은 호기심어린 표정으로 외할머니와의 이야기에 집중하고 있었던 것이다. 자다가도 벌떡 일어날 만큼 열광하는 패밀리 레스토랑에서 메뉴를 고르면서 보였던 집중력도 이에 비할 바가 아니었다. 승희에게는 충격이었다.

친정에서의 마지막 날이 저물었다. 모처럼 즐거운 시간을 맘껏 보낸 동기는 이미 꿈나라로 간지 오래다. 하지만 승희의 정신은 솜처럼 무거운 몸을 배반하듯 초롱초롱한 것이 통 잠이 오지 않았다.

"피곤할 텐데 어서 자지 않고."

아직 잠들지 않고 있기는 친정 엄마도 마찬가지였다.

"엄마는 넷이나 되는 자식을 어떻게 키웠어요? 난 하나도 힘들어 죽겠어. 동기가 만만치가 않아요."

"지나고 나면 다 한때다. 마음을 느긋하게 가져야지. 자식 키우기가 100미터 달리기는 아니잖니?"

"생각처럼 쉽지가 않아요. 형편없는 시험 점수 받아 오고서도 간식으로 뭘 먹을지에만 관심 있지, 잔소리를 안 하면 아마 가방도 안 메고 학교 갈지도 몰라! 쟤 저러다 사람 구실이나 제대로 하면서 살 수 있을지 걱정될 때도 있어요."

낮게 한숨을 내뱉으며 승희가 말을 이었다.

"게다가 엄마도 나 서방 성격 잘 알잖아요! 동기가 저 모양인 게 자꾸 내 탓이라는 거야! 그 사람 눈에는 내가 늘 허점투성이인가 봐."

친정 엄마는 조용히 승희의 이야기를 듣고만 있었다.

"너무 동기 땜에 속 끓이지 말고 너도 신 나는 일을 찾아서 해 보면 어떻겠니?"

이럴 때 보통의 엄마라면 '그래도 참아야지.'라는 말을 했을 텐데 뜻밖이었다.

"신 나는 일?"

"그래. 늙은 엄마는 우리 딸이 신 나고 행복하게 사는 모습이 보고 싶구나!"

자식의 행복을 바라는 친정 엄마의 따뜻한 마음이 그대로 느껴졌다.

"엄마, 미안해요! 만날 우는 소리나 하고……."

"너 스스로한테도 한번 관심을 가져 보려무나."

"……."

승희는 더 이상 대답하지 않았다. 자신에게 관심을 가져 보라니 가슴이 먹먹했다.

위윙!

주방의 냉장고 돌아가는 소리가 한밤의 적막을 가르고 있다. 무릎을 괴고 소파에 그림처럼 앉아 있던 승희가 자세를 고쳐 잡는다. 두 다리를 쓱 펴서 테이블에 걸친 채 소파에 등을 기대고 앉았다. 베란다 밖으로 아직도 불이 켜진 집들이 드문드문 보였다. 머릿속이 텅 빈 것 같기도 하고 가슴 속에서는 뭔가 가득 찬 것 같기도 하고 종잡을 수가 없다.

'왜 쉽게 넘어간 걸까? 엄마가 뭐라고 하셨나?'

동기와 크고 작은 일로 신경전을 벌이거나 속앓이를 할 때마다 자신을 무능력한 존재로 만들어 버리는 말들을 서슴없이 해 왔던 남편이었다.

'당신은 방법이 틀렸잖아.'

'당신 그것 밖에 안 되는 사람이야?'

'뭐 그렇게 대단하게 엄마 노릇한다고 만날 죽는 소린데! 당신만 남들 안 하는 유별난 자식 키우는 거 아니잖아!'

승희는 억울했지만 그럴 때마다 떳떳하게 자신을 항변할 수가 없었다. 스스로도 동기를 잘 키우고 있다는 자신감이 없었기에 남편의 말들은 승희를 한없이 찌그러 들고 주눅 들게 했었다.

그런데 이번에는 짧게 몇 마디만 하고 끝낸 것이 이상했다. 비록 동기에게는 일장 연설을 쏟아부었지만.

남편은 넉넉하지 않은 집안에서 장학금으로 일류대를 졸업하고 대기업에서 영향력 있는 자리에 오른 사람이었다. 그래서인지 매사가 힘겹고 고민이 많은 자신과 허점투성이인 동기를 잘 이해하지 못했다. 승희 역시 능력 있는 남편을 만족시키기에 자신과 동기는 모자라도 한참 모자란다고 생각했다.

잠들기를 포기한 승희는 서재의 불을 켰다. 붙박이로 짜 맞춘 책꽂이와 작은 컴퓨터 책상이 별로 크지 않은 방을 꽉 채우고 있다. 다소 답답한 느낌이 나긴 해도 정갈하고 조용했다. 컴퓨터 모니터를 켰다. 조간신문을 미리 보고, 오래간만에 이메일 체크도 했다. 한동안 방치해 두었던 블로그도 들여다봤다.

블로그는 주인장 맘처럼 썰렁하고 활기가 없었다. 한동안 열심히 블로그 운영을 했던 적이 있었다. 동기가 초등학교에 입학할 무렵이었다. 좋은 동화책, 아이 데리고 가 볼 만한 곳, 아이와 집에서 해 볼 수 있는 오감 자극 활동 등 퍼다 나른 정보가 제법 많았다. 덕분에 방문객과 사연들이 넘쳤었다. 하지만 동기가 학년이 올라가자 엄마와 아이가 함께 할 수 있는 것들은 줄어만 갔다. 아이는 엄마보다 친구와 게임을 더 좋아했다. 자연히 블로그에 대한 열정도 식어 갔다.

승희는 블로그 여기저기를 찬찬히 요모조모 살펴봤다. 자료실에는 별별 자료가 다 있었다. 이런 걸 다 어디서 알아냈는지 자신이 했다고는 믿기지 않을 정도였다.

머리 좋아지게 하는 엄마 표 영양 간식

한동안 몸에 좋은 음식에 심취해서 아들의 몸을 오염시키는 세상의 모든 과자를 다 쓸어다 쓰레기통에 버려 버리고 싶은 마음이 간절했었다. 하지만 동기는 친구들과 사 먹는 햄버거랑 콜라에 환호하게 된 지 이미 오래다.

내 아이 영재로 키우기! 유태인 엄마 따라 잡기! WHY 학습법

'영재 좋아하네!'

한 치 앞을 모르는 것이 사람이라지만 그맘때 승희는 철없이 확신했다. 영재건 천재건 '자식은 엄마 하기 나름'이라 굳게 믿고 있었다. 하지만 지금의 동기는 이런 승희의 믿음이 100퍼센트 자신만의 착각이었다는 것을 완벽하게 증명해 주고 있다.

뒤돌아선 아이

승희는 쓴웃음이 났다. 한때 열열이 사랑했지만 지금은 기억조차 희미해진 첫사랑에게 보낸 연애편지를 읽는 것이 이런 기분일 거라 생각했다. 민망하고 낯간지럽고 섣불렀다. 하지만 무모하다 싶을 정도로 열정적이었던 지난날이 그립기도 했다. 이래저래 심란한 마음에 자판에 손을 올렸다.

'초등학교 5학년짜리 아들이 대담하게도 생애 첫 가출을 시도했다.'

탁탁탁······.

첫 문장을 완성하고 나자 승희는 봇물 터진 둑처럼 속내를 털어 놓기 시작했다. 승희의 자판 두드리는 소리는 한밤의 적막을 가르며 한동안 계속 이어졌다.

바른이 엄마와의 약속 장소는 집에서 조금 떨어진 커피 전문점이다. 승희는 창가 쪽에 자리를 잡았다. 시간보다 일찍 나온 탓에 멍하니 바깥을 응시했다.

"뭘 그렇게 넋 놓고 보고 있어?"

바른이 엄마였다.

"오래간만이야! 잘 지내지?"

정신이 든 승희가 반갑게 인사를 건넸다.

"그래! 먼저 연락을 다하고 웬일이야? 살짝 긴장 되네."

그녀답지 않은 엄살 섞인 대답이다.

"물어 볼 게 있는데 전화로 할까 하다 오래간만에 얼굴도 볼 겸 만나자고 했어."

주문한 커피가 나오자 승희가 먼저 입을 뗐다.

"잘했어. 애들 요번에도 같은 반 되서 안 그래도 한 번 보려고 했었는데 뭐! 근데 무슨 일인데?"

"어어, 동기가 얼마 전부터 느닷없이 요리를 배우고 싶다고 하는 거야. 바른이도 배운다면서. 공부나 열심히 하라고 야단을 쳤는데도 날이면 날마다 난리를 쳐서. 진짜 바른이 요리 배워?"

바른이 엄마는 동기 같은 아이가 자신의 잘난 딸내미를 따라 하겠다는 것이 탐탁지 않은 눈치였다. 하지만 예의바르고 빈틈없는 그녀답게 금빙 표정 관리를 했다.

"우리 애가 정서적으로 좀 건조하잖아. 공부에 대한 스트레스도 있는 것 같아서 기분 전환도 하고 창조적인 자극도 좀 받으라고 시작했어."

"그랬구나!"

"게다가 자기도 알겠지만 앞으로는 공부만 잘해서 되는 세상이 아니잖아. 문화적 소양도 갖춰야 하고, 특히 글로벌한 교양이나 지식은 필수잖아. 그래서 외국의 음식 문화에 대해 배워 두면 여러모로 좋을 것 같더라고."

자녀 교육에 관해선 늘 남들보다 서너 걸음 앞선 엄마다운 말이다. 바른이는 얼마 전부터 집 근처에 생긴 식당으로 요리를 배우러 다니고 있다. 바른이 엄마 말로는 전직 호텔 조리장이었던 사장이 직접 지도해 주는데, 잡지에도 여러 번 나온 꽤 유명한 사람이라고 했다. 승희가 사실 이 자리에 나온 건 확신이 서지 않아서였다. 처음에 동기가 요리를 배워 보겠다고 했을 때는 공부하기 싫어서 그러는 거라고 생각해 무조건 반대를 했다. 하지만 동기가 뭔가를 제 스스로 배워 보겠다고 떼를 쓴 건 머리털 나고 처음 있는 일이라 신기하기도 했고, 한편으로 저렇게 간절히 원하는 걸 막무가내로 못하게 하면 애가 삐뚤어질까 걱정스럽기도 했다. 게다가 동기에게 바른이도 요리를 한다는 소리를 들으니 귀가 더욱 솔깃해지는 게 '한 번 시켜 봐?' 하는 마음이 강하게 일기 시작했다. 하지만 요리를 시키기에 동기는 부족한 것이 너무 많았다. 수학이고 영어고 성적을 올려야 할 과목이 한 두 개가 아니었다. 그래서 이 자리는 동기에게 요리 수업을 시킬지 말지 50대 50으로 팽팽하게 맞선 마음의 저울을 어떻게든 51대 49로 돌려놓기 위해 마련

한 것이다. 결정을 내리는 데 바른이 엄마가 가진 정보가 도움이 될 것 같아서였다. 게다가 유명한 요리사가 바른이에게 개인 교습을 해 준다는 것이 승희의 질투심을 자극했다.

"얘기 들어 보니까 동기도 해 보면 좋겠다. 그런데 학교 공부도 따라가기 힘든 처지에 취미삼아 요리를 배워도 될까 모르겠네?"

승희가 자신도 모르게 속의 말을 해 버렸다. 그러고는 아차 싶어 바른이 엄마의 표정을 살폈다.

"외국에선 성공한 요리사를 전문가로서 굉장히 인정해 줘! 우리나라도 점점 그렇게 되어 가는 추세고. 누가 알아? 동기가 세계적인 요리사가 될지! 하기 싫다는 공부 너무 억지로 시키지 말고 애가 하고 싶은 거 시켜 보는 것도 괜찮은 거 같아. 동기가 어릴 적부터 책 읽고 가만히 책상에 앉아 있는 거 별로 안 좋아 했잖아."

틀린 말은 아니었다. 하지만 바른이처럼 공부 잘하는 애 엄마 입을 통해 이런 말을 듣는 것이 기분 좋은 일은 아니었다. 그래도 승희는 자신의 기분보다는 아들의 일이 중요했기에 동기도 요리를 배울 수 있도록 요리 선생에게 잘 좀 이야기해 달라고 부탁했다.

"꽁지머리!"

바른이가 요리를 배우는 식당에 들어선 승희는 너무 놀라 벌어진 입을 다물 수 없었다. 깡마른 체구, 유난히 까맣고 반짝이는 눈에 꽁지머리까지 좀 늙긴 했어도 분명히 승희의 대학 동창 꽁지머리였다.

"야, 꽁지머리! 너 맞지? 나 승희야! 앗, 그럼 네가 그렇게 유명하다는 요리 선생이야?

"정말 장승희네! 네가 여긴 웬일로? 가만, 그 말썽꾸러기가 네 아들이었구나"

"뭐?"

"앗! 미안!"

"도대체 바른이 엄마가 뭐라 그랬는데?"

"야! 오래간만에 만났는데 왜 화를 내고 그래. 진짜 오래간만이다"

꽁지머리는 잘 나가는 미대생이었다. 재학 중에도 유명 공모전에서 여러 번 수상을 했던 재원이었다. 그런 그가 소설을 쓰고 싶다며 교내 문학 동아리 문을 두드렸을 때 승희는 그를 가장 친절하게 대해 준 사람이었다. 밤새워 썼다며 보여 주던 오자투성이의 원고를 흥미롭게 읽고 피드백 해 주곤 했었다. 늘 정해진 길로만 한눈팔지 않고 살아왔던 승희는 장르를 넘다들며 자신의 열정을 불태우던 꽁지머리가 좋아 보였고 부러웠었다. 비록 좌절의 쓴맛을 보긴 했어도 승희가 남몰래 신

춘문예에 응모할 수 있었던 것도 그에게 자극 받았기 때문이다. 졸업 후에 들은 그에 대한 소식은 잘나가는 광고 회사에 취직했다가 돌연 유학을 갔다는 것이 전부였다. 그런데 이렇게 만나다니 승희는 믿기지 않았다.

"글 쓰는 일을 할 줄 알았더니만 현모양처가 되었나 보네."

"현모양처는 무슨! 그런 넌 왜 하필 요리사야? 암튼 너란 인간은 종잡을 수 없다니까."

꽁지머리가 진지한 얼굴로 승희를 쳐다봤다.

"너 말이다. 자신에 대한 사랑과 충족만큼 인생에서 위대한 희열은 없다."

"희열이 무슨 위대하기까지 할까."

승희가 살짝 퉁을 놓았다.

"난 말이지 요리를 하면서 살아 있다는 걸 느끼거든! 이것만큼 나를 기쁘게 하는 일은 아직까지 없었어. 그러니 어쩌겠니? 너는? 엄마 노릇하는 건 재밌어?"

"이 나이에 재미는 무슨……. 그냥 견디면서 사는 거지."

꽁지머리가 살아온 이야기는 드라마처럼 흥미진진했다. 남들 눈에는 무모한 모험처럼 보였던 선택들이 늘 그를 가슴 뛰게 하는 순간들이었다고 했다. 안정적인 직장을 그만뒀을 때도, 유학 가서 전공을 미술에서 요리로 바꿨을 때도, 잘나가던 호텔 조리장을 때려치웠을 때도 그는 두려움보다는 새로운 도전에 늘 설레었다고 했다. 승희는 그의 말을 그저 묵묵히 듣기만 했다. 승희는 자신에 대해 그에게 들려줄 이야기가 별로 없었다. 마음 한구석이 조금 쓰리긴 했다. 그래도 안심이 되었다. 창조적이고 의욕적인 그가 동기에게 좋은 자극이 될 것 같았다.

"야, 나동기! 너 요리 배우고 싶으면 아빠 기분 좀 맞춰."
집으로 돌아온 승희는 소파에서 빈둥거리는 동기에게 일부러 무심하게 말했다.
"진짜야? 그럼 엄마는 허락하는 거지? 어머니, 고맙습니다. 열심히 하겠습니다. 아버지껜 제가 잘 말씀드리겠습니다. 앞으로 공부도 더 열심히 하겠습니다."
자리에서 벌떡 일어난 동기가 엄청 들뜨고 신 난 목소리로 존댓말까지 써 가며 좋아했다. 아들이야 좋아하는 요리를 배우게 되었으니 날아갈 듯 기분이 좋겠지만 승희는 남편에게 어떻게 말을 꺼내야 할지 걱정이다.

저녁 먹고 내내 방에 있던 동기가 남편이 들어오는 소리에 문을 열고 나왔다. 평상시라면 벌써 잠자리에 들어야 할 시간이다.

"아빠, 다녀오셨어요?"

"아직까지 안 잤니?"

"숙제하고 학원에서 배운 거 복습 하고 있는 중이었어요."

승희는 기가 막혔다. 저 놀라운 적응력과 순발력에 웃음이 나오려고 했다. 남편은 웬일인가 싶은 표정이었지만 내심 기분이 좋은 것 같다.

"그래? 하루 이틀 하다가 그만두지 말고 매일 꾸준하게 하는 게 중요한 거 알고 있지? 한번 잘해 봐! 오늘은 너무 늦었으니까 그만 자고."

"네! 엄마 아빠 안녕히 주무세요!"

동기는 엄마에게 살짝 눈짓을 하며 방으로 들어갔다.

"여보, 동기가 이제 정신 좀 차린 거 같지 않아요? 오늘은 내가 잔소리 한 번 안했는데 알아서 숙제하고 공부하고."

아들을 돕기 위해 승희가 거짓말을 했다. 그러나 남편의 반응은 심드렁하다.

"이제 철 날 때도 됐지!"

남편의 옷을 받아 걸며 눈치를 보던 승희가 조심스레 말을 건넸다.

"여보! 그래서 말인데 동기 요리 좀 배우게 해 주면 안 될까? 왜 당신 바른이 알지? 걔가 요 앞에 생긴 식당에서 요리를 배우는데 동기도 같이 배우면 좋지 않을까? 바른이한테 자극 받으면 공부도 더 열심히 할 거 같고."

"갑자기 무슨 요리야?"

남편의 목소리에 답답함이 묻어 있다.

"실은 며칠째 바른이랑 요리 배우게 해 달라고 조르고 있었어. 요리 배우면 공부도 더 잘 될 것 같다면서. 하기 싫은 공부만 억지로 시키지 말고, 이번에 기분 좀 풀어 주면서 공부로 유도하면 어떨까?"

남편 앞에서 동기 이야기만 하려면 왠지 주눅이 드는 승희이다. 주절주절 읊조리지만 목소리에는 영 힘이 없다.

"애한테 괜히 바람 넣지 마! 동기가 지금 요리나 배울 형편이야?"

"아니야! 이번엔 좀 달라. 걔가 어디 자발적으로 뭐가 해 보고 싶다고 말한 적 있었어? 그런데 요리는 굉장히 하고 싶은가 봐. 하고 싶은 걸 하면 성취감이 생기니까 공부하는 데도 도움이 될 거 같아. 너무 안 된다고 반대만 하지 말고!"

남편은 어이없다는 표정이다.

"애나 엄마나 똑같구먼! 처음에 의욕만 앞서가지고 뭐든 시작만 하면 다 잘 될 것처럼……. 애가 시켜 달란다고 당장 애 장단에 맞춰서. 좀 두고 보라고. 하고 싶은 걸 얻기 위해서 제 힘으로 노력하는 것도 배워야지!"

"하지만 이왕 시킬 거면 빨리."

남편이 언성을 높이며 승희의 말을 끊었다.

승희는 매사 원칙적이어서 융통성이 없는 남편이 답답했다. 하지만 더 이상 남편의 불편한 심기를 건드리고 싶지 않아 하고 싶은 말은 많았지만 입을 달아 버렸다.

동기는 아침에 눈뜨자마자 아빠의 눈치를 살폈다. 평상시와 별 다른 게 없는 아빠의 표정을 보고 눈짓으로 엄마에게 신호를 보냈지만 승희는 외면했다. 아빠가 출근하고 나자 바로 동기의 채근이 시작되었다.

"엄마, 어젯밤에 아빠한테 얘기 안 했어?"

"안 된대! 학교 공부랑 학원 숙제나 열심히 하래."

"열심히 한다고 했잖아."

"아빠는 만날 말만 앞세우는 널 못 믿겠대."

사실 남편이 이런 말을 직접 하지는 않았다. 그저 미루어 짐작하는 승희의 생각이다.

"그럼 내가 어떻게 해야 아빠가 믿어 주는데?"

원망스런 눈으로 엄마를 쳐다보며 울먹거리는 아들을 보자 승희의 마음이 아팠다. 부부가 일관된 행보를 해야 하건만 승희는 어느새 아들 편이 되어 있었다.

"너무 속상해 하지 말고 며칠만이라도 아빠한테 좀 달라진 모습을 보여 주라니까! 엄마도 계속 이야기 해 볼 테니까."

"……."

"늦겠어. 어서 학교 가. 갔다 와서 또 의논하자."

그 후로 며칠 동안 동기와 승희의 협동 작전이 이어졌다. 동기는 텔레비전 보는 시간도 줄이고 책과 씨름하는 모습을 아빠 앞에서 자주 연출했다. 하지만 남편의 철옹성은 쉽게 무너지지 않았다. 그러기를 며칠째, 참다못한 동기의 눈물 콧물 섞인 울분, 하소연, 원망이 버무려진 대성통곡에 마침내 남편은 동기의 요리 수업을 허락했다. 성적이 떨어질 경우 당장 그만둔다는 단서 조항이 있긴 했지만.

공부 잘하는 아이! 행복한 엄마?
엄마의 행복이 아들의 성적순은 아니잖아!

초등학교 5학년짜리 아들이 대담하게도 생애 첫 가출을 시도했다. 공부 좀 못한다는 이유로 엄마에게 '아무 짝에도 쓸모없는 구제불능'이라는 말을 들은 것이 꽤나 억울하고 야속했었나 보다. 다행히 가출의 종착지가 외할머니 집이어서 철렁 내려앉았던 가슴을 쓸어내릴 수 있었다.

혼자 먼 길 찾아가느라 고생했을 아들 생각에 마음이 짠한 부모와는 달리 아들 녀석은 휴가라도 온 것처럼 편안했다. 외할머니랑 간식 먹으며 텔레비전도 보고 도란도란 이야기를 나누는 모습은 행복해 보이기까지 했다. 아들의 만족스런 얼굴은 오래간만이었다. 하긴 공부하라는 엄마의 잔소리만 없으면 인생의 만족도가 꽤나 높을 아이니……. 지 딴에도 그동안 힘들긴 했을 거다. 행복은 성적순이 아니리는 말이 아들에게는 딱 맞아떨어지는 맞춤 경구일지도 모르겠다.

그런데 엄마인 나는 공부 못하는 아들 때문에 행복하지 않다. 그러니 우리 모자는 영영 함께 행복해질 수 없는 노릇이다. 언제부터 내 인생의 행복 바로미터가 아들의 성적이 되었을까?

아들이 어렸을 때 엄마인 나는 아들의 온 우주였다. 나를 통하지 않고서는 아무 것도 할 수 없는 의존적이지만 사랑스런 존재였다. 힘들어도 행복했다. 그런데

| 내 블로그 | 이웃 블로그 | 모두의 블로그 | 바로가기 ▼ | LOGIN |

지금 아들은 예전처럼 나의 도움을 필요로 하지 않는다. 비록 홧김이지만 혼자서 외할머니 집까지 찾아갈 수 있을 정도다.

하지만 아직도 나의 우주는 아들을 중심으로만 돌고 있다. 아들의 작은 것 하나에 하루에도 몇 번씩 지옥과 천당을 번갈아 경험하고 있다. 아들 위주로 생각하고 생활하다 보니 자꾸 아들에게 욕심이 생기고 기대하는 것이 많아지게 된다. 또 이걸 이루기 위해 나는 뭐든지 할 수 있을 거라는 착각도 많이 했다. 오늘 아들 일만 해도 내가 할 수 있는 것은 별로 없었는데 말이다.

나도 아직까지는 성적이 행복의 필수 조건은 아니라고 생각하지만, 문제는 아들에게 자꾸 욕심을 부린다는 것이다. 건강하고 성격 좋고 친구도 많으니 성적까지 좋다면 지금보다 훨씬 행복할 수 있을 것 같아 원하지도 않는 공부를 죽어라 시키고 있는 거다. 하지만 정작 아들 본인은 아니다. 그래서 나도 너무 괴롭다.

친정 엄마는 이런 나에게 행복한 딸의 모습을 보고 싶다며 나 자신에게도 관심을 가져 보라고 했다. 내 행복의 필요충분조건이 아들 녀석의 성적이라면 내 인생은 한참 잘못 가고 있는 것이 아닐까? 더구나 아들은 공부를 잘 못해도 충분히 행복할 수 있는데 말이다.

나와 아들 모두 행복하고 만족스런 삶을 살기 위해서는 어떻게 해야 하는 걸까?

소원 나무

동기가 처음 요리 수업을 시작하는 날 승희네 집 아침 풍경은 평상시와 사뭇 달랐다. 언제나 늦잠 자는 동기와의 신경전이 전쟁을 방불케 했는데, 드디어 평화 협정을 맺은 것이다. 사방이 조용했다. 동기는 깨우기도 전에 일어나 학교 갈 준비를 다 했다. 게다가 아빠와 아침을 먹는 신기한 장면까지 연출했다. 승희는 행복감에 가슴이 뿌듯했다.

"어제 늦게까지 게임한 거 아니었어? 웬일로 깨우기도 전에 일찍 일어났어?"

"어제 게임 하는 날 아니잖아. 엄마는 아들을 그렇게 못 믿어? 숙제 하고 일찍 잤어."

동기가 제법 의젓하게 대답한다. 남편도 뜻밖이라는 표정이다.

'역시나 하고 싶은 일을 하게 되면 사람이 의욕적으로 변하나 보네!'

승희는 변화된 동기의 모습이 기특했다. 아들에게 요리를 시키기로 결정한 자신의 선택이 사뭇 자랑스럽기까지 했다. 모처럼 만에 찾아온 평화로움이다. 동기는 출근하는 아빠를 현관까지 나와 배웅을 한 후 학교 갈 채비를 했다.

"가방 챙기는 거야?"

"어제 다 챙겨 놓고 잤어."

"앞치마는? 넣었어?"

"당근이지!"

"그러지 말고 집에 들러서 가방 놓고 엄마랑 같이 가자. 오늘이 첫 수업인데 엄마가 따라가야 하지 않겠니?"

어제부터 동기는 학교 끝나면 바로 식당으로 가겠다고 고집을 피웠다.

"저번에 같이 가서 선생님한테 인사했잖아. 그냥 바른이랑 바로 가면 돼!"

'자식! 그럼 그렇지. 바른이랑 가려는 꿍꿍이였군!'

승희는 마음이 놓이지 않았다. 칼 쓰고 불 쓰는 요리 수업을 아들이 별 탈 없이 잘 해낼 수 있을지 걱정이 됐다.

"선생님 말씀 잘 듣고. 절대로 네 맘대로 하면 안 된다. 다치지 않게 조심해. 알았지?"

현관문을 나서는 동기에게 잔소리가 그치지 않는다.

"엄마! 다 알아 들었으니까 그만 좀 해!"

"그래, 잘 다녀오고 무슨 일 있으면 꼭 전화해라."

동기를 보내 놓고 집안일을 끝마친 승희는 부지런히 컴퓨터를 켰다. 모처럼 하고 싶은 걸 하게 해 주어 의욕적일 때 공부하는 것도 확실히 길을 잡아 주어야겠다는 생각이 들었다.

'많기도 많네!'

요리와 창의력에 관한 글들은 블로그에 가득했다. 꼼꼼하게 글을 읽고 동기에게 직접적으로 도움이 된다 싶은 것들은 죄다 저장해 두었다. 인터넷 서점에서는 블로거들이 추천한 요리와 학습에 대한 책들도 검색했다. 승희는 시간 가는 줄도 모르고 온라인 세상에 빠져들었.

그러다가 승희는 상상의 나래를 폈다. 요리 수업에 참가한 동기는 얼마 지나지 않아 그동안 미처 몰랐던 집중력이 살아나고 꼭꼭 감추어 두었던 창의력이 싹을 틔운다. 요리 수업에서 재능을 발견한 동기는 공부에도 흥미를 붙여 시험 성적까지 쑥쑥 올라간다. 담임선생님이 깜짝 놀라고 아이들이 모두 부러워한다. 동기는 어느 때보다 자신만만

한 표정을 짓는다. 바른이 엄마도 승희에게 어떤 비결이 있느냐고 물어 본다. 무엇보다도 남편의 놀란 표정이 가장 압권이다. 그런 광경들이 하나씩 떠오르자 승희는 감격스럽기까지 했다.

컴퓨터를 하고 나면 언제나 어깨 죽지가 아프고 눈이 침침했었는데 오늘은 그런 증상도 씻은 듯이 없어졌다. 기분이 좋아진 승희는 거실로 나와 수화기를 집어 들었다. 아무래도 첫 수업인데 동기만 혼자 보내는 것이 마음에 걸렸던 것이다.

"네."

꽁지머리의 심드렁한 목소리가 수화기 너머로 들려왔다. 평소 같으면 한마디 쏘아붙였겠지만 오늘은 마음을 고쳐먹고 한껏 상냥하게 물었다.

"나, 승희야 전화 괜찮겠어?"

"응, 얘기해."

"오늘이 우리 동기 첫 수업이잖아. 자꾸 혼자 가겠다고 해서 학교에서 바로 가라고는 했는데 신경이 쓰여서."

"뭐가?"

"걔가 어렵게 아빠한테 허락 받아서 시작한 요리 수업이거든. 네가 잘 알아서 하겠지만 학교 공부에 대한 동기 부여도 좀 해 주라. 요리 배우는 것처럼 열심히 학교 공부하면 성적도 팍팍 오른다고."

"야아, 장승희! 나 바빠! 그리고 부모도 어쩌지 못하는 네 아들 나한테 애프터서비스 보냈냐? 왜 그렇게 요구 사항이 많아? 요즘 전시회 좋은 거 많던데 할 일 없으면 인사동에 나가 바람이나 쏘이던지. 그만 끊는다!"

"야! 잠깐만!"

승희의 기분은 아랑곳 하지 않은 채 꽁지머리는 야박스럽게 전화를 끊어 버렸다. 꽁지머리는 풍선처럼 부풀어 있던 승희의 상상을 바늘로 팡 터트려 버렸다. 섭섭하고 야속했다.

'인사동 좋아하네. 내가 그렇게 신세 좋은 여자라면 얼마나 좋겠어.'

조금 전까지 좋았던 기분이 한순간에 엉망이 되어 버렸다.

김이 제대로 빠져 버린 승희는 늦은 점심을 먹는 둥 마는 둥 몇 숟가락 뜨다가 말았다. 그리고는 오후 내내 케이블 채널을 이리저리 돌리며 무료한 시간을 보냈다. 가장 눈길을 끄는 건 역시 홈쇼핑 방송이다. 승희는 어느 틈에 방송에 빠져서 눈을 빛내며 보고 있다. 하이 톤으로 활기차게 진행하는 쇼핑 호스트에 빠져 있던 승희는 문득 자신이 한심하게 생각되었다.

동기는 6시가 다 되어서 돌아왔다. 기분이 좋은지 얼굴에 붉은 홍조까지 띄고 있었다. 현관에서 신발도 채 벗기 전에 승희가 다급하게 물었다.

"어때? 재밌었어? 뭐 배웠는데?"

"엄마, 나 가방도 안 내려놨거든!"

"알았어. 배고프지? 어서 손 씻고 와."

승희는 간식거리를 내놓고 식탁머리에 앉아 두 눈을 반짝이며 아들에게 이것저것 질문 공세를 퍼부었다. 그런데 동기는 속 시원한 대답을 해 주질 않았다.

"엄마! 오늘은 그냥 첫날이라 요리를 어떤 자세로 배워야 하는지 뭐 그런 거 서로 이야기했어."

"그게 다야? 그런데 왜 이렇게 늦게 왔어? 선생님은 뭐라고 하던데?"

"그냥 재밌게 해 보자고. 엄마 나 피곤해. 학교 숙제도 많고."

"알았어."

동기는 먹던 빵과 우유를 들고 자기 방으로 들어가 버렸다.

'자식! 지가 언제부터 숙제를 그렇게 열심히 했다고.'

승희는 공연히 서운한 마음이 들었다. 가만히 생각해 보니 오늘은 두 번씩이나 버림을 받았다. 한 번은 친구에게 한 번은 아들에게. 물론 일부러 그런 것은 아니겠지만 아무튼 승희의 관심을 존중해 주지 않는 두 사람 때문에 기분이 영 씁쓸했다.

요리 수업을 시작한 이후 동기가 조금 달라지긴 했다.
일단 소파에 누워 빈둥거리는 시간이 눈에 띄게 줄었다. 무엇보다 요리 수업이 있는 날은 아침에 깨우지 않아도 스스로 일찍 일어났다.
'며칠이나 갈까?'
그래도 승희는 여간 대견하지 않다. 분명 동기가 요리 배우는 것을 좋아하는 것 같다. 한데 도대체 수업 시간에 뭘 배우고 무엇을 했는지에 대해서는 별로 내색을 하지 않는다. 물어도 얘기를 잘 해 주지 않았다.
승희는 무심한 척 태연하려고 했지만 그럴수록 더 안달이 났다. 하는 수 없이 이런 저런 핑계를 대면서 식당에 방문할 기회를 만들었다. 그러나 어렵사리 드문드문 주워들은 이야기는 차라리 모르는 게 나을 뻔했다.
2주가 다 되어 가는 데도 동기는 허드렛일만 하고 있었다. 기껏해야 바른이 조수 역할이나 하는 눈치였다.
'선생님이 만날 나만 야단친다, 나는 언제 요리 해 보냐.'는 등 동기가 지나가는 소리로 내뱉던 말은 빈말이 아니었다. 요리다운 요리는 시작도 못했으면서 동기는 인터넷에서 요리에 대한 검색은 아주 열심히 했다. 도대체 어찌된 영문인지 궁금해 죽을 맛이었다.

하지만 지난번 전화로 면박을 당한 이후론 꽁지머리에게 대 놓고 궁금한 것을 물어 볼 수도 없었다. 원래 꽁지머리가 학교 다닐 때부터 자기가 하는 일에 간섭하거나 원치 않는 관심을 가지는 것을 무척 싫어했다. 그걸 누구보다도 잘 알고 있기에 더욱 그랬다. 그렇다고 바른이 엄마에게 물어 보자니 그건 더욱 자존심이 상할 일이었다. 속 시원하게 이야기해 주는 사람이 없으니 이래저래 승희만 답답할 뿐이다. 게다가 가끔 '공부도 신경 써서 하고 있냐?'고 물으면 정색을 하며 '걱정하지 말라.'고 대답하는 아들에게 더 이상 잔소리하기도 무안했다.

며칠째 부글부글 속만 끓이기를 반복했다. 기다릴 만큼 기다렸다는 생각이 들자 결국 승희는 꽁지머리를 만나 보기로 했다. 자식에 대한 일이니 이 정도 관심은 그냥 넘어가 줄 거라 믿었다.

아직 이른 시간이라 식당에는 손님이 없었다. 꽁지머리는 벌써 내부 청소와 식재료 준비를 다 끝낸 상태였다. 경쾌한 클래식을 틀어 놓은 채 창가에 앉아 커피를 마시고 있었다.

"안 바빠?"

승희가 눈치를 살피며 인사를 건넸다.

"일찍 행차했네? 점심은 아직 안 되는데. 볕도 무지 좋고 오늘은 커피 향도 죽인다. 이리 와서 커피나 한 잔 해라."

꽁지는 따뜻한 커피 한 잔을 뽑아 주며 콧노래까지 흥얼거렸다.

"뭔 일 있어?"

"뭔 일은. 만날 그렇지 뭐. 남편이랑 애랑 지지고 볶고."

"야, 결혼했으면 나 같이 혼자 사는 놈 샘나게 한번 살아 봐라! 어째 결혼한 사람들은 하나같이 다 내가 부럽다고 하냐? 누가 시켜서 한 결혼도 아니면서."

승희는 꽁지머리의 개똥철학 같은 이야기엔 관심이 없었다. 어서 빨리 동기에 대해 궁금한 것을 이것저것 물어 보고 싶을 뿐이다.

"혼자 살아서 좋아?"

"너는 가족이 있으니까 외로울 틈이 없어서 좋은 거고, 난 가끔 외롭긴 해도 자유로우니까 좋은 거 아니야?"

"그렇지 뭐."

승희의 시큰둥한 대답에 잠시 침묵이 흘렀다. 그녀는 결국 정면 돌파를 택했다.

"동기 걔 만날 재료 손질만 하는 것 같던데, 요리에도 영 소질이 없는 거니? 그래서 재료 다듬고 청소만 시키는 거야? 그래도 애 너무 기 죽이지 말고 잘 좀 이끌어 주라. 요리에서도 좌절하면 학교 공부에는 영영 흥미를 잃어버릴 거야."

"……."

"도대체 뭐가 문제니? 내가 도울 수 있는 게 있으면 뭐든 할게!"

승희는 꽁지머리가 얘기할 틈도 주지 않고 단숨에 이야기를 해 버렸다. 그리고는 그의 입에서 아들이 요리에도 소질이 없다는 절망적인 대답이 나올까 봐 조마조마했다.

"야, 장승희! 제발 정신 좀 차려!"

꽁지머리가 버럭 화를 냈다.

"너 그렇게 할 일이 없어? 다 큰 아들 어린애 취급하면서 시시콜콜 간섭하는 것도 모자라 이제는 아들 수업하는 방식까지 이래라 저래라 하고 싶냐?"

꽁지머리의 얼굴이 벌게졌다.

"도대체 뭐가 그렇게 궁금하고 걱정이 되는데?"

"아니, 걱정이 되는 건 아니고……. 그냥 궁금해서."

승희는 꽁지머리의 호통에 놀라 바로 꼬리를 내렸다.

"네 아들은 아주 훌륭해. 걱정할 것 없어."

"그래? 그러면 다행이고."

간신히 말대꾸를 했다.

"그러고 보니 문제는 네 아들이 아니고 너한테 있는 것 같다. 머릿속에 아들 말고는 아무것도 없지?"

"……."

"이젠 여기 그만 기웃거려라. 그 시간 있으면 가서 네 인생이나 진지하게 고민해 보세요!"

꽁지머리의 말이 승희의 가슴에 콱 박혔다.

승희는 무안하고 창피하기도 해서 눈물이 핑 돌았다. 아무리 친구 사이라지만 엄마가 자식에 대해 그 정도 물어 보는 것이 무슨 큰 죄라고 남의 인생까지 들먹이는지 억울하기도 하고 자존심도 무척 상했다. 그녀는 뒤도 돌아보지 않고 식당을 나와 버렸다. 그러고는 달음질치듯 골목을 벗어났다.

'뭐라고? 내 인생을 고민해 보라고? 너는 얼마나 살나시 남의 인생을 가지고 왈가왈부야!'

승희는 그냥 집에 들어가자니 분이 풀리지 않았다.

꿀꿀한 기분 그대로 집에 들어갔다간 죄 없는 동기만 한바탕 잡을 것 같았다. 그렇다고 딱히 가고 싶은 곳이나 시간을 보낼 만한 장소가 있는 것도 아니었다. 이리저리 망설이다 기분 전환이나 할 겸 예전에 가끔 둘러보았던 인사동에 가 보기로 했다.

'뭐야? 꽁지머리가 할 일 없으면 인사동 갤러리라도 구경 가라고 했었잖아?'

가다가 생각해 보니 결국 꽁지머리 말을 듣는 꼴이 되었지만 별 수 없었다.

평일 오전이라 그런지 인사동 거리는 그리 번잡하지 않았다. 그나마 다행이고 위안이 되었다. 동기 데리고 나왔을 땐 항상 주말이어서 사람에 치이곤 했는데, 오늘은 주변 신경 쓰지 않고 한가롭게 걸어 다닐 만했다. 동기를 인사동에 데리고 온 것은 전시회를 보여 주거나 다양한 이벤트를 경험시켜 주기 위해서였다. 그러나 그것도 처음 몇 번뿐이었지 아들이 곧 흥미를 잃어버리자 자연히 승희의 발길도 뜸해졌었다.

승희는 그냥 발길 닿는 대로 걸었다. 아까 일을 생각하면 여전히 분이 풀리지 않았다. 하지만 오랜만에 해 보는 혼자만의 외출을 망치고 싶진 않았다. 그녀는 애써 마음속의 생각을 비우고 거리의 사물에만 관심을 기울이기로 했다.

방송에서 조금 알려졌다 싶은 유명한 장소에는 어디를 가나 사람들로 북적인다. 언젠가부터 여유 있게 산책을 하며 혼자만의 시간을 보낼 수 있는 장소를 찾기가 힘들어졌다. 승희가 인사동 거리를 멀리하게 된 이유도 아마 거기에 있는지 모른다.

승희도 결혼 전에는 혼자만의 시간을 꽤 즐기는 편이었다. 남편하고 연애할 때도 일부러 혼자서 극장이나 서점을 가끔 찾았다. 아무에게도 방해 받지 않고 시간 보내는 쏠쏠한 재미를 포기하고 싶지 않아서였다.

그런데 승희는 얼마 지나지 않아 오늘의 느닷없는 자유 시간이 마치 남의 옷처럼 불편하게 느껴졌다. 뭘 해야 좋을지 막막했기 때문이다.

'장승희 너무했다. 그동안 너한테 너무 야박했던 거 아니야! 이렇게 한가롭고 자유로운 데 즐기지도 못하고……'

승희는 자신이 좀 안 됐다는 생각이 들었고, 그러자 갑자기 기분이 울적해졌다.

'아니야! 이게 다 그 꽁지머리 때문이야. 걔가 내 인생 어쩌고저쩌고 이런 소리만 안 했어도 이렇지 않았을 거라고. 홧김에 와서 그런 거야.'

승희는 자존심을 지키기 위해서라도 오늘 만큼은 혼자서 즐겁게 보내기로 마음먹었다.

전시회도 가고 적당히 아이 쇼핑도 하다가 맘에 드는 것이 있으면

까짓것 질러 버릴 각오까지 했다. 하지만 의욕과 결심만으로 되는 일이 아니었다. 승희에게 필요했던 것은 실행력이었다.

목적 없이 어슬렁대는 것도 괜히 남의 눈치가 보이고 누가 뭐라는 사람도 없는데 혼자 주눅이 들었다. 동행도 없이 갤러리에 들어가는 것은 어색하기만 했다. 상점에서는 직원의 조그만 관심과 친절도 부담스럽게 느껴졌다. 두 시간도 채 안 되어 몸이 피곤하고 어서 집에 돌아가고 싶어졌다.

간단한 요기라도 할 겸 들어선 빵집에서 커피와 샌드위치를 주문했다. 그러나 그마저도 여간 신경이 쓰이는 것이 아니었다. 괜히 사람들하고 시선이라도 마주칠까 싶어 갤러리에서 들고 온 전시 팸플릿만 뒤적였다. 샌드위치는 맛도 모르는 채 계속 입안으로 밀어 넣었다.

'그래, 오늘은 여기까지.'

그렇게 마음을 먹자 속이 편해졌다.

승희 홀로 한 나들이는 그렇게 빵집에서 끝이 났다. 승희는 숙제를 끝낸 아이처럼 홀가분하게 일어나 빵집 문을 힘차게 열어젖혔다.

'저게 뭐지?'

지하철역을 향해 걸음을 옮기는데 신기한 광경이 눈에 들어왔다. 아까는 미처 보지 못했던 나무 한 그루가 눈에 띄었다. 색색의 포스트잇이 빽빽하게 붙어 있는 제법 커다란 나무였다. 호기심에 다가가 보니 행인들이 포스트잇에 각자의 소원을 적어서 붙여 놓은 소원 나무였다.

'수능 대박 나게 해 주세요.'

'우리 사랑 영원하게!'

'백수 탈출! 취업 불패!'

'우리 가족 모두 건강!'

오고가는 사람들의 얼굴만큼이나 다양한 소원 글귀들이 나무의 열매가 되어 주렁주렁 매달려 있었다.

'내 소원은 뭐지?'

승희도 용기를 내어 포스트잇과 펜을 집어 들었다. 승희는 식구들 각자에 해당하는 소원을 한 가지씩 쓰기로 했다.

우선 남편은 너무 쉽고 명확했다.

'다니는 회사에서 원하는 위치까지 승진하기!'

남편은 분명 가장 높이 올라갈 수 있는 데까지 승진해서 자신의 능력을 인정받고 싶을 거라고 확신했다.

다음은 동기다. 당연히 '공부 잘해서 원하는 대학 가기!'라고 적었다. 동기가 어렸을 때는 아빠처럼 공부를 잘해서 일류 대학에 가라고 주문을 걸었었다. 승희는 그 일이 새삼스럽게 생각나며 그 시절이 그리워

졌다. 아쉽고 안타까운 마음이 들었다. 동기가 현재 수준의 성적에서 벗어나지 못한다면 아마도 일류는커녕 서울에 있는 대학도 가기 힘들 것이다. 하지만 승희는 희망을 버리고 싶지 않았다. 도대체 대한민국에서 공부 잘하고 싶지 않은 아이가 어디에 있을까. 그런데 왜 모두 공부를 잘할 수는 없을까. 승희는 잠깐 부질없는 상념에 빠져들었다.

 마지막으로 자신에 대한 소원이 남았다. 남편이나 자식에 대해서는 할 말도 많고 원하는 것도 많은 그녀였지만 정작 자신에 대해서는 별로 쓸 말이 없었다. 혼자만의 시간을 즐기기 어려웠던 것처럼 재미삼아 적어 보는 소원지를 앞에 두고도 자신이 뭘 원하는지 남편이나 동기에 대한 것만큼 명확하게 떠오르는 것이 없었다. 그러니 꽁지머리 눈에 얼마나 한심하게 보였을까 하는 생각까지 들었다.

 갑자기 고등학교 동창 윤이가 생각났다. 면허가 없어 운전도 못하면서 차만 타면 항상 조수석에 앉아 '출발', '좌회전', '깜박이 켜.'라며 쉴 새 없이 참견하고 지시하던 윤이. 별명이 '미우스 드라이버'였던 그녀는 종종 친구들의 놀림거리가 되곤 했었다. 실제로 할 수 있는 것은 별로 없으면서 입만 살아 있다고. 승희도 속으로는 윤이를 깔봤었다. 혹시 꽁지머리 눈에 자신도 윤이처럼 보이지 않았을까 하는 생각에 귓불이 화끈거렸다. 결국 승희는 자신을 위한 소원지를 매달지 못한 채 집으로 돌아왔다.

현관에 들어서며 벽시계를 보니 오후 3시가 막 지나고 있었다. 동기는 아직 학교에서 돌아오지 않았다. 승희는 피곤한 몸을 소파에 누이고 눈을 감았다. 몸이 물 먹은 솜처럼 한없이 늘어졌다. 하지만 정신은 여전히 팽팽하게 긴장되어 있는 느낌이다. 아들 요리 공부 걱정 때문에 무안을 당하고 인사동 거리를 헤매다 돌아온 오늘 하루의 기억이 머릿속에서 다시 펼쳐졌다. 상념이 꼬리에 꼬리를 물고 이어졌다.

한참 동안 이 생각 저 생각 온갖 잡념에 머리가 아플 지경이었다. 남편이나 동기 혹은 친구의 사소한 지적이나 반응에도 인생이 요동치는 자신의 모습이 한심스러웠다.

'동기나 나나 아직 철들지 않은 건 마찬가지야.'

어찌 보면 제법 심각한 결론에 도달했는데도 승희의 몸은 전혀 의외의 반응을 보였다. 느닷없이 웃음이 터져 나왔던 것이다. 한동안 정신없이 웃는데 눈물까지 배어 나왔다.

'그래 정신 차리자. 장승희.'

승희는 소파에서 벌떡 일어났다. 계속 이렇게 처져 있으면 정말 오래 갈지도 모른다. 승희는 컴퓨터를 켜고 블로그에 들어갔다. 몇 자 끄적이면 기분이 좀 가벼워질 것 같았다.

'이게 뭐야?'

승희의 눈이 휘둥그레 커졌다.

'공부 잘하는 아이! 행복한 엄마? 엄마의 행복이 아들의 성적순은 아니잖아!'

인터넷 포털에 접속한 승희는 너무 놀라 혼자 소리를 지를 뻔했다.

포털 메인에 올라 있는 커다랗고 굵은 제목을 재빨리 클릭했다. 그건 며칠 전에 자신이 쓴 글의 제목과 같았다. 믿을 수 없는 일이다. 제목 아래 텍스트의 내용은 바로 며칠 전에 승희가 블로그에 올린 글이었다. 조회 수도 많았고, 댓글도 엄청나게 달려 있었다. 두근거리는 가슴을 연신 쓰다듬으며 승희는 댓글들을 훑어보았다. 천만 다행스럽게도, 대부분 공감과 격려의 글들이었다. 글을 재밌게 잘 쓴다는 의견도 제법 있었다. 정신을 차리고 블로그를 자세히 살펴보니, 예전에 썼던 글들에도 덩달아 댓글이 많이 달려 있었다.

썰렁하기만 했던 그녀의 블로그가 돌연 활기를 띠고 있었다. 살다보니 이런 신기한 일도 있나 싶어 승희는 그저 어리둥절하기만 했다.

"엄마 꽁지머리 사부님이 시간 나면 한번 오시래!"

"왜?"

"몰라!"

모처럼 세 식구가 모인 저녁 밥상에서 동기가 말문을 열었다. 승희는 아마도 꽁지머리가 낮의 일이 미안해서일거라 추측했다. 자신의 글이 포털의 메인에 뜨는 사건만 없었다면 아직까지도 낮의 일에 신경 쓰고 있었을 승희다. 하지만 지금 그녀는 인터넷 세상에서 일어난 놀라운 일을 가족에게 자랑할 기회만 엿보고 있다. 대 놓고 자랑을 하자니 민망스러워 최대한 자연스럽게 이야기를 꺼낼 타이밍을 노리고 있었다.

"내가 블로그에 올린 글이 포털 메인에 올랐어! 조회 수도 아주 많더라."

어느 정도 배가 불렀을 때 쯤 승희가 조심스럽게 말을 꺼냈다.

"진짜야? 그럼 이제 엄마 유명 작가 되는 거야?"

동기에게서는 곧바로 반응이 왔다.

"얘는 포털 메인에 한 번 떴다고 다 유명 작가 되면 우리나라에 작가 아닌 사람이 어디 있니?"

승희는 남편의 표정을 살피며 호들갑 떨지 말라는 듯이 일부러 덤덤하게 이야기했다. 남편은 별로 궁금해 하는 것 같지 않은 눈치다.

"난 엄마가 제발 유명 작가가 됐으면 좋겠다. 유명해지면 바빠서 나한테 잔소리 좀 덜 할 거 아니야?"

"야, 나동기!"

승희가 잠시 발끈하려는데 남편이 끼어들었다.

"무슨 이야기를 썼는데?"

"저번에 동기 혼자서 외갓집 간 이야기."

승희는 가출이라는 단어를 입에 담기가 껄끄러웠다. 남편의 양미간에 주름이 잡히면서 못마땅한 표정이 역력해졌다.

"당신은 그런 일이 뭐 자랑거리라고 떠벌리는데? 별로 좋지도 않은 집안일이 사람들 입에 오르내리는데 퍽이나 자랑스럽겠다!"

"그게 아니라 심란해서 쓴 글인데 사람들이 많이 공감했다는 거지. 내가 뭐 일부러 떠벌리려고 그랬겠어? 당신은 말을 왜 꼭 그런 식으로 해?"

분위기가 험악해지려고 하자 눈치 빠른 동기가 자기 방으로 빠졌다.

"당신 심정을 다른 사람이 공감할 수야 있지만 난 그것보단 자식 문제가 더 중요해!"

"내가 언제 동기 문제가 중요하지 않대? 지금 그 얘기가 아니잖아?"

"피곤하니까 그만하고 요즘 학교 공부는 어때? 신경 써서 하고 있는 거야?"

정색하며 동기의 공부 얘기를 꺼내자 승희는 금세 기가 죽었다. 요리는 열심히 하고 있지만 학교 공부를 그 전보다 더 열심히 한다고는 장담할 수 없었다.

"뭐 요즘은 요리 수업을 열심히 하니까. 그래도 텔레비전 보는 시간도 줄이고 아침에 깨우지 않아도 잘 일어나."

"요리 수업이야 자기가 원해서 하는 거니까 당연히 열심히 하겠지! 당신이나 동기나 요리 수업만 시켜 주면 학교 공부도 열심히 할 거라고 했는데 그건 그냥 말뿐인가?"

"내 말은 좀 시간을 두고 지켜봐야 한다는……."

"당신 참 답답한 사람이네. 분명 두 가지 다 성실하게 한다는 조건으로 허락했잖아! 엄마라면 애가 스스로 한 약속을 잘 지킬 수 있도록 관리해야 하는 거 아니야?"

승희는 점점 구석으로 몰리는 느낌이었다.

"그럼 학교 공부는 그렇다 치고 요리 수업인가는 제대로 하고 있는 거야?"

"열심히 하고 있으니까……."

승희는 죽을 맛이다.

자신도 정확하게 파악이 안 되고 확신이 안 서는 동기의 요리 수업에 대해 어떻게 남편에게 설명을 해야 할지 당황스럽기만 했다.

"결국 제대로 하는 건 하나도 없군. 공부야 그렇다 치고, 하고 싶어 죽겠다고 시작한 요리도 듣자하니 만날 청소나 하고 같이 배우는 애 시중이나 드는 것 같던데. 당신 스트레스 푼다는 핑계로 집안일 동네방네 소문이나 내지 말고 동기한테나 신경 써!"

핑계 아닌 핑계를 대며 방어적이던 승희가 동기의 문제를 자신의 책임으로 돌리는 듯한 남편의 계속되는 추궁에 폭발하고 말았다.

"왜 만날 나한테만 신경 쓰라고 하는데? 그러는 당신은 뭘 하는데? 당신이야말로 훈계하는 말 한두 마디 던져 놓고 돈만 벌어다 주면 아빠 역할 다 하는 줄 알아? 동기 문제 뒷감당은 누가 다 하냐고? 동기랑 하루만 온종일 같이 있어 봐! 신경 좀 더 쓰라는 말이 그렇게 쉽게 나오나. 나는 엄청 신경 써도 이것밖엔 못해! 그러니까 앞으론 능력 있는 당신이 이들 관리 해! 집안일 떠벌리면서 스트레스 푸는 능력밖에 없는 나는 그거나 계속 할 거니까!"

승희는 자리에서 벌떡 일어나 서재로 들어가 버렸다.

그날 밤 승희는 또 다시 블로그에 글을 올렸다. 온라인 세상이지만 자신의 속내를 드러낼 수 있는 곳이 있다는 것이 다행이라고 생각했다. 현실 세계에서는 전혀 소통이 되지 않는 가족들 사이에서 외로운 섬처럼 지냈던 자신이었다. 이런 방식으로라도 위안을 받을 수 있다는 것이 고맙기까지 했다.

'생각 없는 한심한 여자라고 하면 어때? 왜 표현의 자유까지 억압해? 두고 봐라! 이젠 나도 내키는 대로 살 거다!'

블로그 2

꿈이라는 말에 가슴 한 켠이 무너져 내릴지도 모르는 아줌마들에게

난 장승희! 올해 42살. 출판사 기획 편집자로 직장 생활을 하다 결혼 후 퇴사해 지금은 아들 하나 키우는 것도 힘에 부쳐 늘 허덕대고 있는 전업주부야. 그런데 이런 나에게도 꿈은 있었어. 말하기 쑥스럽지만 사람들에게 감동을 주는 작가가 되고도 싶었고, 세계 곳곳을 여행하며 모험과 도전을 맘껏 해 보고도 싶었고, 오랜 시간 동안 많은 사람들에게 사랑 받는 좋은 책들을 만드는 출판사를 세워 보고도 싶었지. 이외에도 많았어. 열정적인 댄서가 되고도 싶었고, 히말라야 등반도 해 보고 싶었고……. 지금 생각하면 엉뚱하고 어처구니 없는 것들도 있지만 그래도 꿈이 많았었지.

하지만 한동안 그걸 잊고 있었어. 나에게도 꿈이 있었다는 걸. 10년 넘는 결혼 생활은 나에게 맘대로 꿈 꿀 수 있는 자유와 상상력마저 쉽게 허락하지 않았으니까. 가족들 탓은 아닐 거야. 그저 아이와 남편이 내 전부인 줄 알고 자신에게는 유독 인색하게 굴었던 나의 책임이 가장 크겠지.

몇 년 만에 처음 혼자서 인사동 나들이를 갔었어. 그런데 참 난감하더라. 길을 잃어버린 사람처럼 헤맸으니까. 뭘 하면서 이 금쪽같은 시간을 보내야 할지 너무 무력한 나 자신에게 나중에는 서글퍼지기까지 하더라고. 결국 빵집에서 맛도 모르고 먹었던 커피와 샌드위치로 나 홀로 나들이의 마지막을 장식했지!

뒤돌아선 아이

내 블로그 | 이웃 블로그 | 모두의 블로그 | 바로가기 ☑ LOGIN

그런데 이런 나에게 결정타를 날린 게 뭔지 알아? 우습지만 소원 나무였어. 집으로 돌아오는 길에 하필 내 눈에 띌게 뭐람. 어쨌든 그 나무 앞에서 난 한참을 망설였어. 자신의 소원을 적어서 달아 놓는 나무에 나는 나에 대해 한 줄의 소원도 적을 수가 없더라고! 남편과 아이에 대한 나의 바람은 차고 넘쳤지만 내가 나에게 바라는 건 도통 생각이 날질 않았거든. 재미로 장난삼아 하는 건데도 내가 이렇게 나에 대해 속수무책일 줄 누가 알았겠어?

오늘 난 내 인생의 한 켠에 미루어 두었던 나의 꿈에 대해 다시 살펴보기로 마음먹었어. 내가 쓴 글이 인터넷 포털 메인에 올랐거든. 정말 무척 기뻤어. 그건 우리 아들 말처럼 내가 곧 유명 작가가 될 것이라는 헛된 착각을 해서도 아니고, 남편의 지적처럼 집안일을 떠벌리고 다니면서 사람들의 관심이나 받아 보려고 하는 철없는 생각을 해서도 아니야. 그저 내가 누구의 아내, 엄마가 아닌 인간 장승희로도 할 수 있는 일이 아직 있다는 사실에 용기와 약간의 자신감을 얻었기 때문이지. 남편은 이런 나를 아직 이해하지 못하는 것 같아.

이젠 한동안 개점휴무 상태였던 블로그에 자주 글을 올릴 거야. 그러면서 내가 뭘 좋아하는지, 무엇을 하고 싶은지, 또 뭘 잘하는지 끈기 있게 찾아보고 연습해 볼 거야. 아줌마들! 이런 나에게 응원과 격려의 박수 부탁해! 나답게! 장승희답게! 파이팅!

영어로 된 요리책

　승희는 인터넷 세상에 블로그라는 자기만의 방을 갖게 되었다. 요즘 인생의 황금기가 이런 것이 아닐까라는 생각이 들 만큼 살맛이 났다. 그녀의 블로그는 엄마들의 입소문을 타면서 방문객 수가 조금씩 늘어가고 있었다. 자신의 이야기를 들어 주고 공감해 주고 인정해 주는 얼굴 없는 친구들이 생긴 것이다.

　승희는 부지런히 글을 써서 올렸다. 대부분은 동기와 겪었던 일상의 고민거리, 엄마 노릇하기 어렵다는 내용들이었다. 또한 능력 있고 합리적인 남편을 '근엄한 얼굴을 한 강직한 밴댕이', '열 개는 알지만 정말 중요한 한 가지를 모르는 부족남'이라 지칭하면서 남편에 대한 뒷

담화를 올리기도 했다. 지난 토요일에는 늦잠 자고 있는 남편과 아들을 두고 혼자 나가 보고 온 조조 영화 감상문을 올리기도 했다. 승희는 잠자고 있던 자신의 감수성이 새롭게 기지개를 펴는 기쁨을 조금씩 느끼고 있었다.

정작 본인은 잘 모르고 있었지만 승희의 이런 변화는 식구들에게도 영향을 끼치고 있었다. 동기는 엄마의 잔소리가 줄어 좋아했다. 남편은 사소한 말 한마디에도 예민하게 반응하던 아내가 좀 편안해졌다고 느꼈다.

승희가 아들과 남편에 대한 관심을 거둬들였음에도 불구하고 집은 별다른 문제없이 잘 굴러갔다. 동기는 여전히 열심히 요리 배우러 다니고 남편은 성실하게 회사 일하고……. 달라진 것은 없었다.

아침 일찍부터 집을 나섰다. 목적지는 인사동이다. 어젯밤 그녀는 이웃 블로그에서 '소원을 말해 봐.'라는 글을 읽었다. 소원을 말하는 순간 우리는 우주에 신호를 보내게 되고 그때부터 우주는 소원을 들어 주기 위해 움직인다는 글이었다. 승희는 그때 인사동에 있었던 소원 나무가 떠올랐다. 전에 적지 못했던 자신의 소원을 오늘은 꼭 적어야겠다고 마음먹었다.

역시 평일 오전 인사동은 한가했다. 이제야 상점 문을 열고 간판을 진열하는 곳도 더러 있었다. 우선 지난번에 들렀던 빵집에 들러 커피 한 잔을 주문했다. 창가에 앉아 지난번과는 달리 거리 풍경과 지나가는 사람들을 구경하며 여유롭게 커피를 마셨다. 가만 보니 일찍부터 혼자 나선 사람들이 꽤 많았다. 거리로 나선 승희는 갤러리에 들러 작품 감상을 했다. 상점에 들러서는 마음에 드는 천연 염색 스카프도 한 장 구입했다.

'식구들 모두 건강하고, 각자가 원하는 바를 이루게 해 주세요!'

드디어 승희의 핑크색 소원 열매가 나무에 매달렸다. 별로 특별한 것도 없는 너무 평범한 소원이다. 하지만 우주에 원하는 것을 이루게 해 달라고 신호를 보냈으니 이제 무엇이든 원하기만 하면 될 것이다.

소원 열매를 매달고 뿌듯해진 승희는 교보문고까지 걸었다. 걷는다는 건 세포에 생명력을 불어넣어 주는 신성한 행위였다. 문학 코너에 들러 자신의 이름으로 책을 낸 사람들에게 존경심과 질투심을 느끼면서 새로 나온 신간들을 훑어보았다. 블로그에 연재했던 글들을 모아 책을 내는 사람들도 꽤 있었다.

'혹시 나도?'

갑자기 드는 생각이었지만 누가 혹시 알고 비웃기라도 하면 어떨까 싶어 살짝 얼굴이 화끈거렸다. 상상에도 검열을 하는 자신이 우습기도 했다.

가방에서 진동이 울렸다. 서고에 선 채로 독서 삼매경에 빠져 있던 승희는 깜짝 놀라 습관적으로 시계를 봤다. 이제 2시다. 동기는 학원에 갔으니까 아직 집에 올 시간은 아니다. 낯선 전화번호였다.

"여보세요?"

"동기 어머니시죠?"

"네, 그런대요?"

"전 동기 담임입니다."

가슴이 두근거리고 전화기를 잡은 손이 미세하게 떨렸다.

"네. 선생님, 안녕하세요? 어쩐 일이세요? 동기한테 무슨 일이라도 있나요?"

학교나 학원에서 걸려오는 전화는 거의 동기가 말썽 피웠다는 반갑지 않은 소식이었다. 그렇기에 바짝 긴장을 했다.

"동기가 요즘 바른이랑 요리를 배우나요?"

"네, 선생님. 취미삼아."

담임선생님은 조금 뜸을 들였다.

"으음……. 어머님 요즘 동기 때문에 저희 반 분위기가 아주 말이 아닙니다. 요리 수업 자랑을 어찌나 심하게 하고 다니는지 아이들이 수업 시간에도 요리 이야기하느라고 집중을 못해요. 그런데 글쎄 오늘은 반 아이들 여러 명이 수업 시간에 요리 만화책을 몰래 읽다 걸렸어요. 알고 보니 전부 동기가 집에서 가져다 아이들한테 돌린 것이더군요."

승희는 가슴이 덜컥 내려앉았다.

"요즘 동기 가방 보신 적 있으세요? 가방 안에 교과서는 하나도 없고 요리 만화책만 가득 채워 가지고 다니는 거 아세요? 제가 너무 화가 나서 심하게 야단을 쳤습니다. 어머님이 좀 더 아이에게 신경을 써 주셨으면 좋겠습니다. 취미 생활도 좋지만 5학년이면 중학교 갈 날도 얼마 남지 않았는데 학과 공부가 최우선이죠. 다음부터 다시는 이런 일이 없도록 잘 지도해 주시기 바랍니다."

전화를 끊기까지 승희는 '죄송합니다.', '다시는 그런 일 없도록 주의시키겠습니다.' 이 두 마디만 되풀이했다.

'어째 며칠 조용하다 했어. 미쳐! 내 팔자에 무슨 외출은. 이 자식 학원은 간 거야?'

승희는 서점을 나서면서 학원으로 전화를 했다. 동기는 수업 중이었다. 하지만 동기는 학원에서도 수업 시간에 졸고 전혀 집중을 하지 않는다고 했다.

'애만 믿고 가만 놔둔 내 잘못이지. 이놈의 자식 가만두나 봐라.'

집으로 돌아온 승희는 단단히 별렀다. 아이들은 풀어 주면 안 된다는 엄마들의 오랜 지론을 잠시 잊었던 자신의 불찰에 반성도 했다.

'왜 이렇게 안 와?'

자꾸만 벽시계에 눈이 간다. 오늘따라 시간 가는 것이 더디게 느껴졌다. 식탁 위에 올려놓은 가방에서 또 진동이 울린다.

"뭐야 또?"

승희는 불길한 예감에 전화기를 얼른 집어 들었다.

"동기 엄마? 나 영수 엄마."

유치원을 함께 다녔던 같은 반 친구 엄마다. 서로 전화번호는 알고 있지만 별로 전화할 이유가 없는 사람이어서 좀 의아했다.

"네에! 안녕하세요?"

"나 왜 전화했냐면, 동기 엄마 기분 나쁘게 생각하지 말고 들었음 해. 요즘 동기가 우리 애한테 바람을 잔뜩 넣어서 자기도 요리 배우게 해 달라고 난리야. 영수 지금 다니는 학원도 소화하기 힘들단 말이야. 동기가 좋아서 다니는 건 내가 뭐라 할 수 없지만 이건 좀 아니다. 자기가 신경 좀 써 주라!"

그 이후로도 승희는 엄마들의 빗발치는 항의 전화를 받았다.

동기 때문에 멀쩡히 다니던 학원 그만 다니겠다는 아이, 수업 시간

에 동기가 가져간 요리 만화책을 돌려 보다 같이 벌을 선 아이. 엄마들 말을 빌리자면 동기가 벌집 쑤시듯 아이들 사이를 휘젓고 요리 이야기로 반 분위기를 흐려 놓았다는 거였다. 승희는 고장 난 녹음기처럼 미안하다는 말만 되풀이했다.

"이 자식 내가 가만두나 봐라!"

전화기가 또 심하게 흔들렸다. 나오는 건 한숨밖에 없었다. 뜻밖에도 바른이 엄마였다.

"자기 엄마들 전화 받느라 속상했지?"

"그러게, 어떻게 알았어?"

"엄마들이 바른이랑 동기가 같이 요리 배우는 걸 알고 나한테 먼저 전화했더라고. 도대체 얼마나 대단한 걸 배우길래 이 야단이냐며 자기 전화번호를 묻더라. 덕분에 나도 유별난 엄마 취급 받아서 해명하느라고 애 좀 먹었어."

"미안해……."

승희는 쥐구멍이라도 있으면 들어가고 싶은 심정이었다.

드디어 소동의 주인공인 동기가 돌아왔다. 승희는 벼르고 벼르던 칼자루를 뽑아 들었다.

"야, 나동기! 너 당장 요리 그만둬!"

"갑자기 왜 그래?"

천하의 말썽꾼도 엄마의 느닷없는 호통 소리에 제법 놀라는 눈치였다.

"너 요리 배운다고 학교 공부는 아예 때려치울 작정이니? 공부 열심히 한다는 조건으로 아빠 허락 받은 거 벌써 까먹었냐고? 오늘 온종일 담임선생님하고 애들 엄마한테서 항의 전화 받느라고 죽는 줄 알았거든! 네가 지금 제 정신이야?"

"학교에 만화책 가져간 건 잘못했어. 하지만 그렇다고 내가 학교 공부에 신경 안 쓰는 건 아니란 말이야!"

"신경 쓰는 애가 학교 건 학원이 건 수업 시간에 졸고 있어? 그리고 애들한테 왜 쓸데없이 떠벌리고 다니면서 수업 분위기까지 망쳐 놓는데?"

"요리가 너무 재밌으니까 나도 모르게 그랬어. 이젠 조심하려고 했단 말이야. 요리 시작한 지 얼마 안 되서 그런 거야. 좀 봐 주면 안 돼? 처음부터 두 가지를 다 잘할 순 없잖아. 내가 무슨 만능 로봇도 아니고."

예전의 동기는 엄마가 야단을 치면 어깃장 놓는 식으로 승희의 속을 긁곤 했었다. 그런데 오늘은 제법 자기의 의견을 이야기하는 것이 화가 나긴 했지만 좀 의외다 싶었다.

"왜 못해?"

"엄마도 글 쓰는 데 정신 팔리면 밥하는 거 잊어버려서 라면 끓여 주고 그랬잖아!"

승희는 갑자기 아들의 주장에 할 말이 궁색해졌다.

"그래서 네가 지금 잘했다는 거야?"

"아니. 다음부턴 안 그럴 거야!"

동기도 충분히 자신의 잘못을 깨달았는지 목소리에 힘이 없다. 좀 전까지도 중죄인을 취조하는 검찰의 심정이던 승희지만 풀 죽은 아들을 보니 마음이 약해졌다.

"또 한 번 그랬다간 국물도 없어! 알았지?"

승희는 마음이 편치 않았다. 아들을 야단치긴 했지만 요즘 너무 블로그에만 빠져서 동기에게 소홀하긴 했었다. 지금이라도 아들 관리에 들어가야겠다는 생각에 마음이 분주해졌다.

승희는 식구들이 잠든 밤 컴퓨터 앞에 다시 앉았다. 동기가 요리 수업 시작 할 즈음 모아 두었던 인터넷 자료들을 살펴보기 위해서다. 그녀는 우선 동기에게 도움이 될 만한 책들을 주문했다. 좋아하는 것을 통해 학습 의욕을 높이는 방법에 대한 정보들도 꼼꼼히 읽어 보았다.

'일단은 좋아하는 것에서부터 성취감과 자신감을 얻게 해 주라고? 그런데 동기는 꽁지머리한테도 야단만 맞는다며?'

승희는 아무래도 꽁지머리를 한번 찾아가 보고, 바른이 엄마랑도 이야기 좀 해 봐야겠다고 마음먹었다.

제법 시간이 많이 흘렀다. 어깨도 쑤시고 손목도 아프고 슬슬 졸음까지 밀려 왔다. 승희는 살금살금 침실 문을 열었다. 자고 있는 남편이 깨지 않도록 최대한 조심스럽게 침대 속으로 들어갔다.

"여태까지 뭘 했어?"

승희는 깜짝 놀랐다.

"화장실……."

"뭐하는지 모르겠지만 일찍 좀 자라고. 매일 아침 밥상머리에서 뻘건 눈으로 하품만 하지 말고."

남편이 돌아누우면서 한마디 했다.

승희는 뜨끔했다. 내색은 안 했지만 남편이 자신이 블로그에 계속 글을 올리고 있다는 걸 아는 눈치였다. 그나마 꼬치꼬치 캐묻지 않아서 다행이다 싶었다. 승희는 담임선생님과 엄마들에게 항의 전화 받은 이야기는 남편에게 하지 않았다. 동기를 야단치는 일은 자신만으로도 충분하다고 생각했다. 하지만 솔직한 심정은 남편이 아이가 그 모양이 되도록 뭘 했냐며 자신에게 책임을 추궁할 것이 두려워서였다. 승희는 공부 못하는 아들 덕에 학교뿐 아니라 남편 앞에서도 떳떳하지 못할 때가 많았다.

동기는 요리 수업이 있는 날인데도 일어나지 못하고 있다. 학교 갈 시간까진 아직 꽤 여유가 있어 승희는 좀 더 재우기로 했다. 동기 딴에도 어제는 꽤나 힘든 하루였을 거라 생각했다.
"오늘은 왜 혼자서 못 일어나고 그래? 무슨 일 있어?"
"무슨 일은……. 가끔 그럴 때도 있지 뭐."
승희는 혹여 남편이 무슨 낌새라도 챌까 봐 조마조마했다.
"요즘 잘하고 있는 거야?"
"아직까진……."
어제 일을 생각하면 앞이 깜깜해졌지만 남편에게 사실대로 이야기할 순 없는 노릇이다.
"요즘도 청소나 하고 있는 거야?"
남편은 요즘 집안일에 대해 부쩍 질문이 많아졌는데, 승희에게는 그게 관심의 표현이라기보다는 감시당하는 것 같아 부담스러웠다.
"아니야……."

사실은 승희도 요즘 동기가 뭘 배우고 있는지 정확하게 알지 못했다. 다만 요리 재료에 대한 공부를 하고 있다고 추측을 할 뿐이었다.

"그럼 뭘 배우는데? 본격적인 요리는 언제부터 시작해?"

"아마 다양한 요리 재료에 대한 거 배운 다음에."

"당신도 잘 몰라? 동기 녀석한테 물어도 구체적으론 대답 안 하던데 애한테만 맡기지 말고 좀 알아봐. 학교 숙제나 학원 수업도 성실하게 하고 있는지도. 애 관리 잘하라고."

"알았어."

남편이 출근하고 난 후 동기가 스스로 일어났다.

"너 벌써 군기 빠진 거야?"

"혼자서 일어났잖아."

"암튼 이번 일은 아빠한테 말 안 했으니까 정말 똑바로 해."

"알았다니까."

동기는 볼멘소리로 대꾸하더니 욕실로 들어가 버렸다.

"방귀 뀐 놈이 성 낸다더니 지가 더 난리야!"

승희가 아들의 뒤통수에 대고 한마디 보탰다.

'이게 뭐야?'

어젯밤 온라인 서점에서 주문한 책이 언제쯤 배송되는지 확인하던 승희는 깜짝 놀랐다. 자신의 이름을 정답게 불러 주는 메일이 있었다.

✉ 승희야! 오래간만이야!

몇 년 전에 유학 가는 남편을 따라 일본으로 떠났던 새라였다. 그녀는 고등학교 때부터 승희와 함께 다녔던 단짝 친구였다. 멀리 떨어져 있는 대학에 다니면서도 그녀들의 우정은 변함이 없었다. 매일 밤 전화통을 붙들고 자신들의 대학 생활에 대해 보고를 했었다. 하지만 새라는 졸업 후 얼마 안 있어 대학 때부터 사귀던 남자랑 결혼을 했고, 출판사에 취직한 승희도 회사일이 바빠 서로 뜸했었다.

그런데 승희가 결혼과 임신, 출산을 하면서 둘 사이의 우정은 다시 돈독해졌다. 결혼도 임신도 출산도 선배였던 새라는 승희가 힘들 때마다 늘 따뜻한 충고와 위로를 해 주었다. 특히 승희가 주변의 만류에도 불구하고 잘나가던 직장을 과감하게 그만둘 수 있었던 데는 새라의 도움이 컸었다. 새라는 그 당시 승희의 결정을 지지해 준 유일한 사람이었다.

"너 하고 싶은 대로 해. 엄마로서의 삶을 온전히 경험해 보는 것도 좋은 거 아닐까? 모든 선택은 두려움을 동반하는 것 같아. 하지만 두려움이 클수록 그걸 극복하기 위해 더 큰 용기를 내잖아."

승희는 친구의 이 한마디에 자신의 결정에 더 이상 괴로워하지 않았었다. 그러나 승희가 집에 들어앉은 지 채 1년도 되지 않아 새라는 일본으로 떠났다. 그 후 드문드문 연락이 오고 갔지만 새라가 거처를 옮기면서 자연스레 연락이 끊어졌다. 그랬던 새라가 며칠 전 한국으로 돌아왔다고 한다. 너무 보고 싶었다며 빨리 만나자고 했다.

'계집애, 죽지 않고 살아 있었네.'

승희는 자신의 바뀐 연락처를 메일로 보냈다. 눈물 나도록 옛 친구가 그리웠다.

땡!

오븐에서 타이머가 울렸다. 치즈가 먹기 좋게 녹아내린 라자냐 냄새가 주방에 가득하다.

"동기야, 빨리 나와."

승희는 오래간만에 라자냐로 아들의 환심을 사려 했다. 잔소리는 먹히지도 않으니 이젠 살살 구슬리는 방법이라도 쓰는 수밖에 없었다.

"웬일? 오늘은 안 바빠? 글 쓴다고 라면만 끓여 주더니."

"얘가 사람 잡네. 내가 언제? 맛은 어때?"

"맛있어. 이 아드님의 절대 미각으로 평가하자면 엄마 스파게티 정도는 먹어 줄 만해. 뭐 내 실력에는 못 미치지만."

승희는 이런 아들의 허풍이 어처구니없으면서도 기분이 좋다.

"요리 시간에 스파게티 만들어 봤어?"

승희가 반색을 하며 물었다.

"아니!"

"만들어 보지도 않고 어떻게 알아?"

"꼭 만들어 봐야만 알아? 생각만으로도 머리속에 맛을 그릴 수 있거든. 난 역시 천재야."

동기가 신이 났다.

"그럼 요리 수업 할 땐 뭘 만들어 봤는데?"

승희의 질문에 들떠 있던 동기의 표정이 순식간에 일그러졌다.

"그러니까 내가 바른이보다 요리는 더 잘 할 수 있는데 아직도 기본 자세를 더 배워야 한대잖아!"

"그럼 아직까지 요리다운 요리는 한 번도 못 해 봤단 말이야? 지금도 청소나 하는 거니? 한 번 찾아가던지 해야지 수업 시작한 지가 언젠데 아직까지 청소만 시키고 그래?"

승희가 자신도 모르게 흥분하자 말이 빨라졌다. 동기가 정색을 한다.

"아, 됐어! 엄마한테는 무슨 말을 못해! 엄마 오는 거 쌤이 안 좋아하시는 거 몰라?"

"알았어!"

좋았던 분위기를 망쳐 버렸으니 승희는 '아차!' 싶었다. 그래도 잠시 숨고르기를 한 후 나긋하게 아들을 불렀다.

"아들!"

"왜 또? 나 지금 먹고 있잖아."

승희는 동기가 다 먹을 때까지 기다렸다 입을 뗐다.

"엄마가 좀 찾아보니까 세계적인 요리사가 되려면 유학은 필수더라. 요리사가 되려고 꼭 요리를 배우는 건 아니지만 그래도 영어는 일찍부터 해 놓는 게 여러모로 좋지 않을까? 요리사가 되더라도 영어를 잘하면 유명한 외국 식당에 취직하기도 훨씬 쉽고."

"근데?"

"그래서 엄마가 영어로 된 요리책 한 권 주문해 놨는데……. 재미 삼아 보라고. 별로 어렵지 않으니까 부담 갖지 말고 하루에 쪼금씩만……."

"됐어. 또 공부야?"

"아니 그냥 재미삼아."

"공부가 뭐가 재밌어? 엄마는 공부 아니라지만 나한테는 다 공부거든. 아직 시험도 안 봤잖아. 아빠랑 약속한 거만 지키면 되잖아. 그때까지 공부 얘기 좀 안 하면 안 돼?"

"이렇게 해 가지고 성적이 오르겠니?"

"제발 그만 좀 해! 엄마가 자꾸 이러면 더 공부하기 싫어진단 말이야. 엄마는 아빠가 글 쓰는 거 자꾸 간섭하면 좋아? 엄마는 좋아하는 글 쓰고, 요리 좋아하는 나는 그냥 요리하면 되는 거잖아. 엄마가 열심히 글 쓰던 지난 며칠이 정말 편했어. 매일 라면만 먹어도 좋으니까 제발 잔소리 좀 그만하고 좋아하는 글이나 열심히 쓰세요."

"말은 잘하네. 잔소리 듣기 싫은 놈이 학교에서 그 짓을 해?"

"그마아안! 아들 열심히 공부하러 갑니다."

동기는 가방을 둘러메고 학원으로 내뺐다. 자식이라고 하나 있는 게 뜻대로 안 된다. 승희는 긴 한숨만 내쉬었다.

승희는 바른이 엄마의 정보력에 또 한 번 놀랐다. 바른이는 요리 수업을 어떻게 하고 있는지 살짝 염탐해 보려는 의도로 시작했던 통화가 거의 30분이나 이어졌다.

바른이 엄마 말에 의하면 앞으로 대학 입학은 성적뿐 아니라 얼마나 다양한 경험을 했는가도 중요한 선발 기준이라고 했다. 내놓고 이야기하진 않았지만 그래서 바른이에게 요리 수업을 시키는 것 같았다. 학생을 대상으로 한 요리 대회에 내보낼 욕심도 있어 보였다. 바른이 엄마는 동기가 앞으로도 계속 공부에 흥미를 못 가지면 이참에 요리라도 전문적으로 가르쳐 조리고등학교에 입학시키는 것이 좋을 수도 있다고 했다. 승희는 바른이 엄마 덕에 좋은 정보를 얻어서 다행이라는 생각과 함께 새삼 엄마의 정보력이 아이의 미래를 결정짓는다는 말이 실감이 나서 부담이 밀려왔다.

승희는 택배로 도착한 책을 동기의 책상 위에 올려놓았다.

《요리하고 영어 공부하고》

대충 훑어보니 그림도 많고 내용도 지루하지 않았다. 영어로 된 요리 레시피도 그리 어렵지 않았다. 동기 손에 직접 쥐어 줄까 했지만 보지도 않고 반발부터 할까 싶어 우선은 기회를 줘 보기로 했다.

동기는 이틀이 지나도록 승희가 올려놓은 책을 들쳐 보지도 않았다. 승희는 아들이 책상 구석에 처박이 둔 책이 자신처럼 느껴졌다. 자신에게 반발하려고 일부러 그러는 것 같아 괘씸하기도 했다.

"너 왜 엄마가 사다 준 책은 거들떠보지도 않니?"

마침내 참다못한 승희가 학원에 가려는 동기를 향해 가시 박힌 목소리로 추궁했다. 그러나 동기는 아무렇지도 않았다.

"나중에 보려고."

"나중에 언제? 너는 엄마가 좋은 말로 하면 안 듣지? 꼭 험악하게 인상을 구겨야 해? 별로 어렵지도 않으니까 짬짬이 봐 두면 좋잖아!"

"또 공부야?"

"그거 요리책이야!"

"엄마 말은 요리도 결국 공부 잘하려고 배우는 거네? 지긋지긋한 그놈의 공부! 알았다니까! 그 책 보면 되잖아! 그 책 보고 공부도 열심히 하고 요리도 열심히 하고! 그러니까 제발 부탁인데 그만 좀 해! 내 일은 내가 알아서 해! 제발 부탁이니까 나한테는 신경 끊고 글이나 열심히 써서 유명한 작가 되세요. 어머니! 네?"

승희의 얼굴에 짙은 먹구름이 가득했다.

블로그 3

자식 교육 엄마의 의욕만으론 안 될까?

얼마 전부터 요리를 배우기 시작한 아들 때문에 걱정이 많다. 학교 공부도 잘 따라가지 못하는 아이가 갑자기 요리를 배우겠다고 했을 때는 무조건 반대했었다. 하지만 모처럼 자발적으로 하고 싶은 것이 생긴 것이 아들에겐 큰 변화였다. 고민 끝에 어렵게 남편의 허락까지 받아 냈다.

처음에는 모든 것이 순조롭게 잘 풀리는 것 같았다. 나도 요즘은 블로그에 글 쓰는 재미에 빠져 있었고, 아들도 공부에도 요리에도 열성을 보이는 듯 했다. 그런데 너무 의욕이 넘쳤던 탓일까? 아들의 관심사는 온통 요리 뿐이어서 학교에서도 학원에서도 공부에는 도통 집중을 하지 못하고 있었다. 그런데 아들 탓만 할 수도 없었다. 나도 똑같이 온통 블로그에만 정신이 팔려 있어서 아들이 그저 잘 지내는 줄로만 알고 있었기 때문이다.

사실 어른인 나도 이 정도니 어린 아들이야 좋은 것에 푹 빠져 다른 건 눈에 들어오지 않는 것이 당연할 수도 있겠구나 싶었다. 그래서 아들이 요리에 보이는 관심과 의욕을 긍정적으로 활용해 학습으로 이어질 수 있도록 해야겠다고 마음 먹었다.

우선은 요리를 통해 공부에 대한 흥미를 일으킬 수 있는 책들로 시작해 보기로 했다. 하지만 실패했다. 아들은 통 관심을 보이지 않았다. 참다못해 몇 마디 하자

| 내 블로그 | 이웃 블로그 | 모두의 블로그 | 바로가기 ☑ LOGIN

지지 않고 말대답을 했다. 이제는 갈수록 말로는 당해 낼 수가 없을 정도다. 아들은 변화의 기미가 전혀 보이지 않는다. 저러다가 정말 공부에 완전히 흥미를 잃어버리는 건 아닌지 불안하다.

하긴 아들을 내 의욕만 가지고 잘 키울 수 없다는 걸 경험한 것이 어디 이번 뿐이었을까? 아들이 어렸을 때도 교육과 학습에 좋다는 것은 이것저것 시도해 보지 않은 것이 없었다. 하지만 지금 아들은 어떤가? 분명 내가 자식 교육에 열의나 의욕이 없는 엄마는 아니었는데도 말이다. 정말이지 자식 교육 엄마의 의욕만으론 안 되는 걸까?

엄마들의 속풀이 방

거의 십년 만에 돌아온 새라는 일본 아줌마들 사이에서 꽤 인기 있는 강사가 되어 있었다. 지역 NGO 단체와 각종 문화 센터에서 천연 수제 비누와 샴푸 만드는 방법을 강의하는데, '에코 살림의 전도사'라는 닉네임으로 방송 출연도 많이 하고 있었다.

새라가 처음 수제 비누를 만들기 시작한 것은 아토피가 심한 아이를 위해서였다. 병원을 다녀도 식이 요법을 해도 차도가 없던 아이가 집에서 비누와 샴푸를 만들어 쓰니 효과가 좋았다고 한다. 부지런한 새라가 주변에 아토피가 있는 아이들 엄마에게 선물하면서 입소문이 나더니 돈을 줄 테니 만들어 달라고 하는 사람이 점점 늘어 결국 집 근처에 작은 천연 수제 비누 공방을 차리게 되었다고 한다. 초기에는 자신의 인건비라도 나오면 다행이라고 생각했다고 한다. 하지만 새라가 만든 비누를 사려는 사람들이 점점 늘어나면서 지금은 교육장과 실습실을 갖춘 번듯한 수제 비누 공방을 차리게 되었다고 했다.

최상의 천연 재료를 사용해 정성스럽게 만들어 피부에도 좋았지만, 대학에서 미술을 전공한 새라의 솜씨와 안목 덕에 비누의 색깔이나 모양 자체가 하나의 공예 작품 같아서였다.

이번에 남편을 따라 귀국하면서 일본의 가게는 믿을 만한 지인에게 맡겼고, 앞으로는 일본과 한국을 오가는 생활을 하게 될 것이라고 했다. 게다가 책까지 일본과 한국에서 동시에 출판하게 되었는데, 평범한 주부에서 '에코 살림의 전도사'가 되기까지 비누 이야기뿐 아니라 그녀의 일본 생활과 경험들이 오롯이 담겨 있다고 했다.

새라는 평안하면서도 생기가 넘쳤다. 승희는 친구의 성공이 자신의 일처럼 기뻤다. 한편으론 자기도 스스로 즐겁고 행복할 수 있는 일을 찾아야겠다고 생각했다. 하지만 동기가 마음에 걸렸다. 동기만 생각하면 가슴이 답답해지고 아들을 놔두고 뭘 할 수 있을까 싶었다.

'새라는 아이 키우고 살림하면서 그 많은 일을 어떻게 다 했을까?'

친구지만 생각할수록 새라가 존경스럽기만 했다.

새라를 만나고 온 후 승희는 이삼일 마음이 좀 심란했다. 그래서 오래간만에 꽁지머리 식당에 갔다. 역시나 청소를 끝낸 꽁지머리가 커피를 내리고 있었다.

"장승희 오래간만이네! 이리 일찍 또 뭐가 궁금해서서 행차하셨나?"
"나도 주라. 동기 얘긴 안 할 거니까 걱정하지 마."

꽁지머리는 말없이 커피를 건넨 후 자리에 앉아 창밖을 내다 봤다.

승희는 평소와는 조금 다른 자신을 무심한 듯 내버려 두는 꽁지머리가 편했다. 상대가 말하고 싶을 때까지 기다려 주는 것도 쉽지 않은 배려일 거라는 생각에 고마웠다.

핸드폰에서 진동이 울렸다. 멍하니 앉아 있던 승희는 깜짝 놀랐다.

"승희야, 나야."

편안한 목소리의 새라였다.

"그래, 별일 없어? 집은 알아봤어?"

"응. 남편 학교 근처에 마음에 드는 게 있더라고. 서울이 아니라 가격도 많이 비싸지 않고. 서울에는 마당 있는 집이 별로 없잖아."

"아파트 알아보는 거 아니었어? 애 학교는 어쩌려고? 다들 서울로 오지 못해 안달인데. 한 번 자리 잡으면 서울 오기 힘들어."

승희는 한국 물정을 잘 몰라 새라가 실수를 하고 있다고 생각했다.

자신이라도 나서서 친구를 말려야 할 것 같았다.

"가까이에 괜찮은 초등학교도 있어. 전교생이 50명도 안 돼서 선생님이랑 학생이랑 가족처럼 지내더라!"

승희는 할 말을 잊었다.

새라는 다른 세상을 사는 사람처럼 이야기를 하고 있었다. 거기다 대고 학원이나 앞으로 아이가 가야 할 대학에 관한 얘기는 부질없어 보였다.

"참, 승희야! 왜 전화 했냐면 이번 주 목요일 11시에 여성프레스센터에서 조그맣게 출판 기념회를 하는데 꼭 오라고."

"나 같은 사람이 가도 되니?"

"무슨 소리야! 너는 꼭 와야지. 그리고 소개시켜 줄 사람도 있어. 이번에 책 쓰는 작업하면서 알게 된 출판 기획하시는 분인데 한번 만나 보면 도움이 많이 될 거야. 벌써 네 얘기도 해 놨어."

"야아! 무슨 얘길?"

"글 쓰는 데 관심도 많고 재주도 많고, 게다가 아줌마들 사이에선 인기 블로거라 앞으로 책을 낼 계획도 있다고."

"너 왜 시키지도 않은 일을 하고 그래? 나 부담스러워."

"잔말 말고 바람도 쏘일 겸 꼭 와! 알았지?"

새라는 집요하게 승희의 승낙을 받아 내고서야 전화를 끊었다. 승희는 당황스러웠다. 아무리 생각해도 승희가 갈 자리는 아니었다. 그렇지 않아도 심란해 죽겠는데 답답함에 한숨만 자꾸 나왔다.

"누군데 그래?"

"너 내 친구 새라 알지?"

"공예과 왕새라?"

대학 때 승희 덕에 꽁지머리는 새라와도 자주 어울렸었다. 승희는 그간의 복잡했던 심정을 꽁지머리에게 털어놓았다. 꽁지머리는 별 반응은 하지 않았지만 이야기를 성실하게 들어주었다. 승희는 그냥 누군가 자신의 이야기를 들어주는 것만으로도 많은 위로와 힘이 된다는 것을 느꼈다.

"갔다 와."

한참을 듣고 나서 꽁지머리가 한마디 했다.

"가서 뭐하게?"

"친구 축하해 줘야지!"

"뭐?"

너무 간단한 대답에 피식하고 어이없는 웃음이 터졌다.

"새라는 기쁜 날 너의 축하가 받고 싶은 거고 넌 그걸 하면 되는 거야! 그리고 그 외의 일은? 그냥 닥치면 그때 해결해."

"글쎄……."

"그냥 가서 진심으로 축하만 해 주고 와. 그게 네가 거기 가야 할 이유야."

승희는 아침부터 정신이 없었다. 늦어도 9시에는 나가야 시간에 맞출 수가 있다. 다행히 동기는 깨우지 않아도 일찍 일어났다.

"엄마, 아침부터 어디 가?"

"어제 새라 아줌마 출판 기념회 간다고 했잖아."

"참 그랬지? 근데 엄마가 왜 화장을 했어?"

아침상을 차리던 승희의 얼굴을 빤히 쳐다보며 동기가 키득거렸다.

"그럼 친구 출판 기념회에 흉측한 쌩얼로 가리? 체면은 살려 줘야 할 거 아니야!"

"화장만 하지 말고 새라 아줌마한테 잘 보여서 엄마도 책 좀 내게 해 달라고 해. 만날 나만 괴롭히지 말고."

"시끄러! 얼른 씻고 밥이나 먹어!"

"동기 너 엄마한테 말버릇이 그게 뭐야."

마침 방에서 나오던 남편이 동기를 향해 말문을 열었다. 순간 동기는 얼른 욕실로 들어가 버렸다. 승희도 몸을 돌려 싱크대 쪽으로 향했다. 국을 푸고 있는 승희 등 뒤로 남편의 말이 이어졌다.
"당신도 5학년짜리랑 말싸움 좀 그만해. 모자가 친구처럼 지내는 것도 좋지만 저 녀석은 버르장머리가 너무 없어. 우선 집에서 존댓말 쓰는 법 좀 연습시키라고."
"하루아침에 고쳐지겠어? 주의는 주고 있어요."
남편은 요즘 들어 부쩍 승희와 동기 사이의 작은 분쟁에 끼어들어 잔소리를 했다.
"부모 자식 간에도 예의를 지켜야 된다고. 공부도 어떻게 보면 살아가는 자세를 배우는 과정인데 생활 태도도 고칠 건 고쳐야지."
"당신 안 늦었어? 얼른 먹어야지."
승희는 마음이 바빠져 자꾸 길어지는 남편의 말을 은근슬쩍 끊었다.
"앉았어. 참 새라씨한테 축하한다고 전해 줘."
"그래요."
동기까지 내보낸 후 대충 설거지를 마친 승희는 가끔 예식장에 갈 때 입곤 했던 회색 바지 정장을 차려 입었다. 머리도 드라이로 신경 써서 손질을 한 후 좀처럼 신지 않는 하이힐까지 갖춰 신었다.
현관 거울에 비친 모습은 얼핏 직장 다닐 때의 오래전 자신 같기도 했다.

새라는 입구에서 방문객들을 반기느라 분주했다.

그 옆으로는 작가의 친필 사인이 담긴 신간이 쌓여 있었다. 승희는 바쁜 친구를 배려해 가볍게 손짓을 한 후 얼른 행사장으로 들어갔다. 생각보다 출판 기념회는 간소하고 조용했다. 서너 명이 앉는 둥근 테이블은 채 스무 개가 안 됐고, 한쪽 구석에 간단한 다과가 차려져 있었다. 연단에는 '에코 살림꾼 왕새라, 이 여자가 사는 법'이라는 플랜카드가 걸려 있었다.

공식적인 행사는 저자 소개부터 시작되었다. 일본 쪽 출판 관계자의 축하 인사, 대학원 교수이자 수필가라는 여성의 축사가 이어졌고, 마지막에 새라가 감사의 말을 했다. 기자 몇 명이 플래시를 터뜨리며 취재를 했고, 여성 전문 케이블에서도 연신 카메라를 돌리고 있었다. 행사는 채 30분도 되기 전에 끝이 났다. 초청객들은 서로의 인맥에 따라 흩어지고 모이면서 담소를 나누거나 기념 촬영을 했다.

승희는 비록 짧은 기간이었지만 자신이 결혼 전에 몸담았던 출판사 쪽의 지인을 만날까 조마조마했다. 혹시나 자신을 알아본 사람이 아는 척이라도 한다면 전업주부인 자신이 괜히 창피할 것 같았다. 그때 누군가 가볍게 등을 두드렸다. 승희는 놀라 뒤를 돌아다봤다.

"여기 있었네. 찾았잖아. 이리 와. 인사시켜 줄 사람 있어."

새라였다. 그녀는 자꾸 싫다는 승희를 끌고 연단 쪽의 테이블로 갔다. 50대 초반 정도의 푸근한 인상의 중년 여성과 승희 또래의 여자 둘이 이야기를 나누고 있었다.

"선생님 제가 저번에 말씀드렸던 친구예요. 블로그에 글 쓴다는……."

"아, 그래요? 반가워요. 어서 앉아요."

중년 여성은 친절하고 따뜻하게 승희를 맞아 주었다.

승희와 새라가 나란히 자리를 잡자 그녀는 자신을 바다 출판사 편집주간 박현자라고 소개했다. 나머지 두 명의 여자도 자신의 명함을 돌리며 간단하게 자기소개를 했다. 한 명은 어린이 책 출판사 편집자였고, 또 다른 한 명은 여성지 기자였다. 이제 사람들의 시선은 자연스럽게 승희에게 쏠렸다. 특히 자신에 대한 정보가 전혀 없어 보이는 여자 둘은 오늘의 주인공이 소개시켜 주는 특별한 손님에게 호기심이 많아 보였다. 하지만 돌릴 명함도 없고 소개할 거리도 없는 승희는 어찌할 바를 몰라 잠시 머뭇거렸다.

"안녕하세요! 새라 친구 장승희라고 합니다."

잠시 어색한 침묵이 흘렀고 분위기를 눈치 챈 새라가 나섰다.

"중, 고등학교를 같이 다닌 제일 친한 친구예요. 육아 때문에 그만두기 전까지 아침 출판사의 꽤 잘나가는 편집자였어요. 지금은 취미삼아 블로그에 글을 쓰는데 아줌마들 사이에서 반응이 좋아요."

"왕 작가가 대변인이구먼!"

박현자 편집주간이 농을 했다. 분위기가 훨씬 부드러워졌다.

"블로그 이름이 뭔데요? 요즘은 인기 블러거가 출판사의 우선 섭외 대상인걸!"

여성지 기자가 아는 척을 했다.

"하긴 요리나 다이어트, 영어 공부 등 요즘 잘나가는 실용서 저자들 중에 인터넷에서 먼저 유명세를 탄 사람들이 많긴 하죠."

어린이 책 출판 편집자가 거들었다.

"자식 때문에 가슴에 천불 난 엄마들의 속풀이 방이에요."

"네?"

두 사람이 재밌어 하며 자신들도 꼭 들어가 보겠다며 웃났다.

"내가 벌써 들어가 봤는데 글이 아주 좋아요. 진솔하고 느낌도 생생하게 살아 있고. 자식 땜에 속 끓이는 게 어디 남의 이야긴가요?"

뜻밖에도 박현자 편집주간이 승희 글에 대한 긍정적인 의견을 꺼냈다. 그러자 새라가 곧이어 거들었다.

"원래 글재주가 남달랐다니까요. 책이야 제가 먼저 냈지만 글 솜씨나 감각은 이 친구를 따라갈 수 없어요."

승희는 본의 아니게 자꾸 자신이 화제의 중심이 되어 가는 것이 싫었다. 대충 자리를 정리하고 나가고 싶었다. 마침 기자와 출판 편집자는 다른 테이블로 자리를 옮겼고, 새라는 기념 촬영을 위해 불려 나갔다. 이제 자신도 인사만 하고 나가면 되겠다 싶었다.

"블로그 글은 잘 봤어요. 아이 땜에 고민이 많죠? 하지만 그런 과정에서 부모도 아이도 함께 성장하는 거죠. 나처럼 나이 들고 나면 그런 시절을 겪었던 것에 감사하게 돼요. 그러니 너무 자식 문제로만 힘 빼지 말고 삶에 동기 부여를 해 줄 수 있는 것들을 찾아보세요."

"……."

"장 선생같이 재주 많은 사람은 해 보고 싶은 것도 많지 않을까요?"

승희는 어서 떠나고만 싶었던 자리에서 전혀 예상 밖의 위로와 격려를 받고 나니 자연스레 마음의 문이 열렸다. 두 사람은 마치 예전부터 알고 지냈던 사람처럼 편안하게 많은 이야기를 주고받았다.

자식 핑계 대지마! 내 인생은 내가 책임지는 거야!

친구의 출판 기념회에 갔었다. 중, 고등학교 절친이 책을 냈으니 축하는 넘치도록 해 주고 싶었지만, 사실 기념식장에는 가고 싶지 않았다. 잘난 사람들만 잔뜩 모인 자리에 나 같은 아줌마가 어울릴 것 같지 않아서였다. 간신히 마음을 다잡고 오로지 친구를 축하해 준다는 마음 하나만 붙잡고 참석했다. 그런데 그곳에서 그렇게 멋진 사람을 만나게 될 줄은 몰랐다.

바다 출판사 편집주간인 박현자 여사는 엄마로서 내가 경험하고 있는 고민과 어려움을 잘 이해하고 있었다. 아마도 특이한 그녀의 이력 때문인 것 같았다. 박 여사는 대학을 졸업한 후 아버지의 의류 사업체를 이어 받아 크게 성공했다. 하지만 결혼과 함께 모든 사업을 남편에게 맡기고 20년 이상을 집에서 아이 셋을 키우면서 살림만 했다고 한다. 틈틈이 취미삼아 글을 써 왔었는데 출판사를 운영하는 큰딸의 권유로 50 넘은 나이에 다시 일을 시작하게 되었다고 했다.

사회적으로 성공을 경험했던 유능한 사람이 집에서 어떻게 살림만 하면서 애를 키웠을까? 나라면 하루도 견디기 힘들어 다시 집 밖으로 뛰쳐나갔을 것 같았다. 그런데 박 여사는 집에서 지낸 이 기간들이야말로 자신이 진짜 어떤 사람이고, 뭘 좋아하고 잘 할 수 있는지 탐색할 수 있었던 소중한 시간들이었다고 했다. 그러면서 주변이나 상황을 탓하지 말고 원하는 것이 있다면 주어진 조건에서 최선

내 블로그 | 이웃 블로그 | 모두의 블로그 | 바로가기 ☑ LOGIN

을 다해 노력하는 것이야말로 자신의 삶을 진정으로 책임지는 것이라고 했다.

집으로 돌아오는 길에 곰곰이 생각해 보니 그동안 내가 남편이나 동기가 내 뜻대로 되지 않아서 힘들고 괴로워했던 것 같았다. 내 스스로 만족스런 삶을 살기 위해서 노력하기 보단 동기나 남편을 내가 원하는 대로 만들려고 했었다. 그 바람이 이루어지지 않자 세상의 모든 불행을 다 짊어지고 있는 사람처럼 굴기까지 했다.

더 이상 이렇게 살아서는 안 될 것 같다. 내 인생을 책임지는 것은 결국 아들도 남편도 아닌 나 자신인 것을……. 남 탓을 하는 건 나는 책임질 필요가 없다고 스스로를 기만하면서 책임을 회피하는 비겁한 행동인 것을……. 통렬히 반성해야겠다.

이젠 아들이 공부 못한다고, 남편이 일 밖에 모르고 무심하다고 괴로워하거나 불평하지 말자. 대신 스스로에게 기쁨과 만족을 느끼게 해 주는 것들을 찾고 그걸 하기 위해 노력해야겠다.

동화 쓰기 강좌

승희의 일상에 작은 변화가 일어났다.

어린이 책 전문 출판사에서 운영하는 6개월짜리 동화쓰기 강좌를 신청한 것이다. 매주 수요일 오전에 동화 창작 이론과 작품 분석 등을 공부하고, 6개월에 걸쳐 장편 동화를 완성하는 수업이었다. 예전부터 수강하고 싶었지만 엄두가 나지 않았었다. 이번에 큰맘 먹고 거금 50만원을 자신에게 투자했다. 이제 승희는 동기를 학교에 보낸 후 더 바빠졌다. 강사가 내준 숙제에, 자료 조사까지……. 짬짬이 블로그도 관리했다. 결혼 이후 이렇게 정신없이 바쁘기는 처음이었.

"엄마! 빅 뉴스야! 빅 뉴스!"

요리 수업을 마치고 돌아온 동기가 뒤로 넘어갈 듯이 호들갑을 떨었다.

"무슨 일이야?"

"이번에야말로 내 실력을 보여 줄 때라니까! 글쎄 꽁지머리 사부님이 오늘의 메뉴를 선발한대?"

"그게 무슨 말이야? 알아듣게 얘기해 봐!"

동기는 한껏 상기가 되어 빠른 목소리로 오늘의 빅 뉴스를 전했다. 앞으로 3주 후에 '오늘의 메뉴'를 선정하는데 꽁지머리가 미리 제시한 감자나 고구마, 달걀, 빵, 밥 등 수업 시간에 배웠던 재료를 이용해 자신만의 요리를 개발하는 것이라고 했다. 시합 당일에 개발한 요리의 레시피를 발표한 후, 꽁지머리의 심사를 거쳐 우승자를 결정하고, 우승한 요리는 식당의 정식 브런치 메뉴로 인정한다니 동기가 흥분할 만도 했다.

"심사 기준은 뭔데?"

"기본기에 충실하고, 자신만의 개성이 살아 있어야 한대!"

"재료는 정했어?"

"아직 생각 좀 해 보고……. 나 이번에는 정말 뭔가 보여 준다. 진짜 연습 많이 할 거야. 꽁지머리 사부가 식당에서는 연습하면 안 된다고 했으니까 집에서 해야 해. 엄마, 나 도와 줄 거지?"

"그럼 당연하지! 근데 바른이는 뭐 한대?"

바른이 얘기가 나오자 동기의 인상이 갑자기 확 구겨지고 양미간에 주름이 잡혔다.

"엄마는 내가 요리에서도 바른이한테 밀릴까 봐 걱정돼?"

굉장히 언짢은 모양이다.

"아니, 그냥 네 경쟁자니까 궁금해서 그렇지."

"걔 요리는 별로야. 감각이 없어. 아마 걔가 한 요리는 맛도 없을 걸?"

"과연 그럴까?"

"엄마 나 못 믿어?"

"누가 그렇대? 암튼 열심히 해 봐. 내가 도와줄 테니까."

하지만 솔직히 들뜨고 기대되기는 승희도 동기 못지않았다. 이번에는 제발 아들이 그동안 갈고 닦은 실력을 맘껏 펼쳐 보일 수 있기만을 학수고대했다. 바른이도 꼭 이겨 주기를 바랐다. 이렇게 오늘의 메뉴를 두고 모자는 한마음으로 의기투합했다.

동기가 아직 학교에서 돌아오지 않은 오후, 승희는 늦은 점심을 먹었다.

　오전에 강좌를 들은 후 서점에 들러 자료 조사를 하다 보니 밥 먹을 때를 놓쳤기 때문이다. 하지만 숟가락질을 하면서도 머릿속으로는 계속 작품에 대한 고민을 했다. 다음 주까지 앞으로 쓸 동화의 대략적인 내용과 등장인물에 대한 기획서를 제출해야 한다. 특히 그날은 특별 강사로 초청된 동화 작가 이금옥 선생이 직접 피드백을 해 준다니 엄청 신경이 쓰였다. 더구나 수강생들의 말을 들어 보니 이금옥 선생에게 좋은 평가를 받았던 기획안은 종강 후에 거의 다 책으로 출판되었다고 한다.

　'우주가 정말 내 소원을 들어주나 보다. 어떻게든 좋은 평가를 받아 꼭 출판하고 말거야!'

　승희는 자기도 모르게 어금니와 주먹에 힘을 주고 있었다.

　무능력한 아내와 엄마로 취급받아 왔던 억울함을 한 방에 날려 버릴 기회였다. 일단은 자료 조사에 열을 올렸다. 요즘 인기 있는 동화의 경향을 파악하고, 유명 작가들의 작품도 주제별로 분류해 보았다. 또 공모전 수상작들과 신인 작가들의 작품도 참고해야 했다. 하지만 머릿속에서 무궁무진하게 떠돌고 있는 이야깃거리들을 한 줄기로 꿰어 구체화시키는 일은 어렵기만 했다. 오랜 시간 컴퓨터 앞에 앉아 있기는 했지만 깜박이는 모니터를 멍하니 바라보고 있을 때가 더 많았다. 그래도 할 일이 있다는 것은 기분 좋은 일이었다.

저녁 설거지를 마치자마자 승희는 다시 컴퓨터 앞에 앉아 작품 구상을 했다. 아무래도 동기를 모델로 써 보는 것이 좋을 듯 했다. 그러면 이야기가 훨씬 풍성하고 재밌을 것 같았다. 요리를 배우러 다니는 동기는 매력적인 동화의 소재임에 틀림없었다.

당장 동기를 자세히 관찰하기 시작했다. 다른 자료 조사보다도 시급하고 중요한 일이다. 그러나 승희에게는 쉬운 일이 아니었다. 요즘 들어 엄마의 관심은 무조건 간섭이고 잔소리라고 부담스러워하는 아들이었다. 더구나 정확히 관찰하기 위해선 엄마의 입장은 잠시 접어두어야 했다. 동기 문제가 곧 자신의 문제였던 승희는 객관적이 되는 것이 가장 힘들었다.

승희에게 동기는 항상 산만하고 덜렁대고 끈기 없는 아이였다. 이런 고정 관념이 너무 강하게 입력되어 있어서 아들의 모든 행동을 '산만하고 집중력 없는'이라는 잣대를 가지고 평가했었다. 그런데 아들의 생활 모습을 관찰하다 보니 동기가 예전하고는 조금 다르게 보였다.

간식으로 감자 튀김을 해 준 적이 있었다. 호기심이 발동한 동기는 먹는 것도 잊은 채 말이 많아졌다.

"엄마, 감자는 왜 튀기면 더 고소하지?"

"감자랑 잘 어울리는 재료에는 어떤 게 있지?"

"엄마, 파프리카는 어때? 감자에 이것저것 다 넣어서 샐러드를 만들면 어떨까?"

평상시 승희라면 당연히 그만 하고 얼른 먹기나 하라며 핀잔을 주었을 테지만 관찰 대상을 지켜보는 입장인지라 참을성 있게 지켜보았다. 뜻밖에도 동기는 질문을 통해 떠오르는 아이디어를 구체화시키고 있었다. 아이디어가 많으니 당연히 질문도 말도 많았다. 놀라운 '동기의 재발견'이었다.

동기가 가지고 다니는 조그만 요리 수첩을 살짝 들여다보니 글 솜씨도 아주 감각적이었다. 창의적인 아이디어나 자신만의 느낌을 생생하게 그림으로 표현해 두기도 했다.

아무 생각 없이 먹고 놀기만 좋아한다고 생각했던 동기였다. 하지만 알고 보니 자신이 선택한 것에 대해 고민도 많이 하고 노력도 게을리 하지 않고 있었다. 승희는 그동안 그것도 모르고 항상 못마땅하게 여긴 것이 부끄러웠다. 지나칠 정도로 간섭하고 개입했나 싶어 아들에게 미안해지기까지 했다.

"여보! 빨리 일어나? 늦었어!"

승희는 남편이 흔들어 깨우는 바람에 깜짝 놀라 일어났다. 지난 밤에 동기와 오늘의 메뉴 재료로 뭘 할지 같이 이리저리 궁리하고, 다음엔 새벽까지 과제물에 쓸 등장인물과 대략적인 플롯을 구상하느라 피곤했던 탓이다. 승희 탓에 남편마저 평상시 기상 시간을 넘겨 지각이었다. 승희의 불운은 여기서 끝나지 않았다. 주방에는 먹다 남은 밥도 국도 없었다. 우유도 빵도 똑 떨어지고 없었다.

남편이 씻고 있는 사이 재빨리 밥을 하고 콩나물국을 끓이기 시작했다. 동기 녀석도 밤새 뭘 했는지 아직 못 일어나고 있었다. 정신이 하나도 없이 바쁘게 손을 놀렸다. 무슨 대단한 일을 한다고 늦게 일어나 끼니조차 챙기지 못했을까. 승희는 마음이 급했다.

"와이셔츠 다려 놓은 거 없어?"

남편이 어제 입었던 와이셔츠를 들어 올리며 물었다. 승희는 그제야 세탁기 속에서 꺼내는 것을 까맣게 잊어버린 빨래가 생각났다. 미안한 일이었다. 그러나 승희는 모든 식구들이 자기 하나만 바라보고 뭐든 해 달라고 요구하는 이런 상황에 갑자기 신경질이 났다.

"오늘 하루 구겨진 것 좀 입고 가면 어디 덧나? 매일 다림질하는 것도 중노동이란 말이야! 그냥 입든지 아님 당신이 다려 입든지 맘대로 해!"

남편은 당황하는 기색이 역력했다.

"당신 왜 그래? 그게 그렇게 화낼 만한 일인가?"

남편은 뭔가를 더 이야기하려다 시계를 보더니 허둥지둥 현관문을 나가 버렸다. 승희는 아침도 먹지 않은 채 그렇게 출근해 버리는 남편을 보자 더 짜증이 났다. 결국 불똥은 더 늦게 일어난 동기에게로 튀었다.

"네가 제대로 못하니까 엄마까지 도매금으로 넘어가잖아! 너 땜에 내가 아빠 눈치까지 보고 살아야겠어?"

"엄마 진짜 이상하다. 왜 나한테 그러는데? 지금 글이 잘 안 써지니까 나한테 화풀이 하는 거잖아! 그게 왜 내 책임이야?"

강하게 항의하던 동기는 대충 씻고 아침밥은 거들떠보지도 않고 학교에 가 버렸다. 혼자 남아 다 식어 버린 밥을 국에 말던 승희는 마음이 착잡해졌다.

드디어 내일이다.

그동안 열심히 준비해 왔던 과제물을 사람들 앞에서 발표하는 날이다. 승희는 모니터로 그동안 열심히 준비해 온 기획안을 최종적으로

점검했다. 공부 못하는 말썽꾸러기 주인공이 요리 대회에서 우승하기까지의 과정 속에서 꿈을 찾고 자신감을 얻게 된다는 내용이다. 줄거리, 등장인물 소개, 플롯, 에피소드 등 빠진 것이 없나 꼼꼼히 살펴보았다. 이 정도면 충분하다는 판단이 서자 프린터로 출력했다. 지난 보름간의 노고가 5쪽 짜리 인쇄물로 결실을 맺었다. 승희는 무척 기쁘고 내일이 기대됐다.

어느새 새벽 1시. 승희는 서재의 불을 끄고 거실로 나왔다. 온몸이 욱신거리고 눈까지 침침했다. 작가가 되기도 전에 직업병부터 걸릴 것 같았다. 남편이 소파에서 잠이 들어 있었다. 수십 장은 족히 넘어 보이는 문서가 거실 바닥에 떨어져 있고, 몹시 고단했던지 살짝 입을 벌리고 가볍게 코까지 곯고 있었다.

회사랑 결혼해서 일밖에 모른다며 못마땅하게 여겼던 남편이었다. 그런데 오늘은 안쓰러운 생각이 들었다. 승희 자신은 좋아서 시작한 일도 이렇게 힘이 드는데, 주말도 없이 일만 하는 남편은 얼마나 힘들지 생각하니 새삼 고맙게 느껴졌다. 게다가 요즘은 글 좀 쓴다고 전에 없이 예민하게 굴었던 것이 미안하기도 했다.

절반의 학생이 발표를 마쳤다.

대부분은 무엇을 이야기하려는 것인지 아직 명확하게 잡히지 않은 모양이었다. 이야기를 정교하게 구성하기 위해 더 많이 고민해 보라는 평가가 많았다. 승희도 앞선 발표자들의 작품이 별로라고 생각했다. 그래서 자신이 그들과 비교해서 상대적으로 긍정적인 평가를 받을 수도 있을 것 같았다. 지금은 나영이 발표 중이고 다음이 승희 차례였다. 긴장이 돼서 그런지 나영의 발표는 귀에 잘 들어오지도 않았다.

　나영은 일일 강사인 동화 작가 이금옥 선생에게 엄청난 칭찬을 받았다. 아이디어가 참신할 뿐 아니라 스토리 구성도 자연스럽고 등장인물도 개성이 있어서 그동안 많은 시간을 투자하고 고민했음이 잘 드러난다고 했다. 게다가 지금부터 당장 집필을 시작하라는 말도 들었다. 평소 깐깐하고 차갑다고 알려져 있는 선생님에게 이런 후한 점수를 받다니. 승희는 샘이 났다. 나영은 호기심이 많아 수업시간에 질문을 자주 하고 엉뚱한 대답도 잘하는 재치 있는 아가씨였다. 그동안 승희도 나영이 아이디어가 많고 실력 있는 재주꾼이라고 인정하고 있었다. 하지만 이 정도로 후한 평가를 받을 줄은 몰랐다. 나영이 한없이 부러웠다.

　드디어 승희 차례가 되었다. 승희는 차분하게 자신이 준비한 것을 발표했다. 채 10분이 걸리지 않았고 뒤이어 질문 시간이 이어졌다. 수강생들 중에는 질문을 하는 사람이 없었다. 다행이기도 하지만 한편으론 자신의 이야기가 별로 흥미롭지 못하다는 반증이기도 했다.

"결혼해서 아이가 있나요?"

그때 이금옥 선생이 물었다. 이런 질문을 하다니 승희는 너무 의외여서 잠시 의아했다.

"네, 5학년짜리 아들이 있습니다."

선생은 고개를 끄덕이더니 승희의 기획안에 대한 평가를 시작했다.

"자식을 모델로 해서 작품을 쓰시려고 하는 거죠? 좋습니다. 아이들에 대해 어머니들만큼 잘 알고 있는 사람도 없으니까요. 하지만 지금 이 기획안을 보면 이야기를 만들기 위해 무척 애쓴 티는 나는데 정작 가장 중요한 것이 빠진 느낌이에요."

승희는 일이 자신이 예상했던 대로 돌아가지 않는다는 것을 느꼈다.

"자식의 이야기를 통해 결국 하고 싶은 이야기가 뭐죠? 그게 구체적이지가 않아요. '공부 못하는 아이가 요리를 배우면서 자신의 꿈을 찾아 간다는 이야기' 여기까지 보면 별로 와 닿는 것이 없어요. 공부 못하는 아이들의 꿈과 용기에 대한 이야기는 얼마나 많아요? 요리라는 소재가 좀 특이할 수는 있지만, 또 소재가 너무 특이하면 독자들의 공감을 얻기가 힘들어요."

승희는 얼굴이 화끈거렸다. 작자가 자신이 뭘 쓸려고 하는지도 잘

모르는 것 같다는 말을 듣다니 이보다 더 창피한 일이 있을까 싶었다.

"내가 뭘 이야기하려고 하는지 먼저 스스로에게 한번 물어 보세요! 글을 쓰기 위해 이야깃거리를 찾지 말고 너무너무 이야기하고 싶어 죽겠는 것! 그걸 찾아 쓰세요. 처음 작품을 쓰기 시작한 초심자라면 적어도 이 정도 열정은 있어야겠지요?"

선생님은 평가를 마무리 지으려는지 잠시 뜸을 들였다.

"집에 가서서 뭘 쓸까 궁리만 하지 마세요. 차분하게 자신의 맘을 들여다보세요. 정말 써 보고 싶은 것이 생겼을 때 그때 시작하셔도 늦지 않습니다. 자, 다음!"

승희는 적잖게 쇼크를 먹었다.

'정말 글로 한번 써 보고 싶은 걸 찾으라고? 내가 지금 쓰고 싶은 것도 없는데 글을 쓰려고 한다는 거야 뭐야?'

승희는 완전 뒤통수를 맞은 느낌이었다. 하지만 한편으로는 자기 맘대로 상상했다가 뜻대로 되지 않아 배신감까지 느끼는 자신이 한심해 보였다.

'글 쓰지 말라는 이야기야?'

승희는 다음 번 발표자들의 이야기는 전혀 귀에 들어오지 않았다. 그저 어서 집에 가서 지친 몸과 마음을 편히 쉬게 하고 싶었다.

우우웅.

눈치 없게 진동이 울렸다. 발신인은 꽁지머리 식당이다.

'이 시간에 꽁지머리가 웬일이지? 동기한테 무슨 일이?'

당황해서 핸드폰 전원을 끄려던 승희는 깜짝 놀라 조심스럽게 뒷문으로 나와 얼른 전화를 받았다. 뜻밖에도 바른이였다. 평소답지 않게 다급한 목소리였다.

"아줌마 큰일 났어요. 동기가 요리하다 식당에 불을 냈어요."

블로그 5

동기의 재발견! 엄마도 몰랐던 아들의 모습들!

얼마 전부터 동화 쓰기 강좌에서 내준 숙제를 하기 위해 동기의 생활을 관찰하기 시작했다. 동화의 소재를 찾아야 했는데 내게는 동기만큼 풍부한 이야깃거리가 없을 것 같아서였다. 그런데 세상에 이런 일이! 엄마가 아닌 관찰자의 입장이 되어서 살펴보니 내가 그동안 얼마나 나만의 잣대와 선입견으로 동기를 오해하고 있었는지 알 수 있었다. 정말 놀랐다.

나는 항상 동기를 산만하고 소란하고 끈기 없고 공부에 취미 없는 말썽꾸러기라고 생각했다. 부정적인 고정관념으로만 보고 있었기에 아들의 모든 행동이 못마땅했던 것이다. 누구보다도 자식에 대해 잘 알고 있다고 생각했던 것은 나의 엄청난 착각이었다. 아들의 진짜 참 모습을 많이 놓치고 있었던 어리석은 엄마였다.

객관적으로 보니 아들은 장점도 많이 있고 자신이 좋아서 선택한 것을 책임지기 위해 노력하는 의젓한 면도 있었다. 그것도 모르고 그동안 너무 야단만 치고 잔소리하면서 간섭했다. 앞으로는 좀 자제해야겠다.

이제는 어느 정도 거리를 두고 나의 판단 기준이 아닌 객관적인 시선으로 동기를 있는 그대로 인정하기 위해서 노력하고 있다. 아들 덕에 뒤늦게 철이 든 느낌이다.

내 블로그 | 이웃 블로그 | 모두의 블로그 | 바로가기 ∨ LOGIN

아들을 옆집 학생처럼 보니 이런 모습이? 동기에 대해 미처 몰랐던 것들!

- 산만하다. → 주변에 관심과 호기심이 많다.

- 말이 많고 소란스럽다. → 아이디어가 많고 표현력이 좋다.

- 끈기가 없다. → 다방면에 적응력이 뛰어나다.

- 공부에 취미가 없다. → 자신이 좋아하는 것에 열정적이고, 간혹 집요하다.

아들을 있는 그대로의 모습으로 존중하고 인정하기

- 잔소리하고 참견하고 싶어지면 마음속으로 열까지 센 후 정말 아들에게 필요한 조언인지 잘 생각해 본다.

- 아들의 행동이나 말에 즉각적으로 반응하지 말고 아들의 입장이 돼서 판단해 본다.

- 가끔은 아들을 이웃집 학생처럼 대하고 나는 옆집 아줌마의 입장이 되어서 생각해 본다.

실패를 통해 배우는 것

승희는 정신없이 식당의 주방으로 달려 들어갔다. 순간 벌어진 입이 다물어지지 않았다. 주방은 매캐한 냄새로 가득하고, 시커멓게 타고 눌어붙은 프라이팬에서는 검은 물이 줄줄 흘러내려 조리대와 주방 바닥에 흥건했다. 타다 만 행주와 앞치마는 처참한 꼴로 조리대 위에 널부러져 있었다. 동기는 까만 재와 타다 만 분홍빛 베이컨이 요란하게 붙어 있는 앞치마를 두르고 비 맞은 생쥐 꼴로 죄인처럼 고개를 푹 숙이고 있었다. 화가 잔뜩 난 꽁지머리는 얼굴이 붉게 상기되어 있었고, 바른이는 꽁지머리 눈치를 살피고 있었다. 승희는 식당까지 정신없이 오면서 했던 끔찍한 상상에 비하면 그나마 이 정도로 끝이 나서 다행이라고 가슴을 쓸어 내렸다.

"나동기, 너 미쳤어?"

승희의 큰 목소리가 식당 홀 전체에 울려 퍼졌다.

"너 나 좀 잠깐 보자."

꽁지머리가 승희를 데리고 주방에서 나왔다.

동기는 꽁지머리 몰래 주방에서 베이컨을 볶으려고 불을 썼다고 한다. 그런데 작업대 위에 있던 메모지가 날아가 불이 붙고 조리대에 있던 행주와 앞치마로 불이 번졌다고 했다. 바른이가 물을 퍼다 불을 끄고 가스를 잠그는 바람에 크게 번지지는 않았다. 승희는 꽁지머리 볼 면목이 없었다. 무신경하게 보일 만큼 아이들에게 개입을 하지 않는 꽁지머리도 불이나 위험한 조리 기구는 절대로 혼자서 사용하지 못하도록 엄격하게 관리하고 있었다. 그런데 잠시 주방을 비운 사이 동기가 일을 낸 것이다. 이러다가 요리 수업에서도 쫓겨날지도 모르는 일이다.

"내가 이 자식을 그냥!"

자초지정을 듣고 난 승희는 당장 동기를 붙잡아다 혼을 내려고 자리에서 벌떡 일어났다.

"내가 알아먹을 만큼 이야기했으니까 집에 데리고 가!"

꽁지머리는 언짢은 기분이 역력했다. 승희는 미안하고 창피해서 인사도 제대로 못했다. 동기를 끌어내다시피 해서 식당을 나왔다.

"너 어쩌려고 그랬어? 내가 너 땜에 제 명에 못 살겠다. 불을 왜 쓰냐고? 너 아차 잘못했으면 죽었어! 알아? 지금 제 정신이니? 안 되는 줄 뻔히 알면서 멋대로 주방에서 불은 왜 쓰냐고? 도대체 얼마나 내 속을 썩여야 이딴 짓 좀 그만둘래?"

식당 문을 나서자마자 승희는 속사포로 동기를 몰아세웠다.

"잘못했어! 다시는 안 그럴게! 지난번에 엄마랑 한 번 해 봐서 괜찮을 줄 알았는데······."

승희는 야단을 치긴 했지만 오늘의 메뉴에 얼마나 뽑히고 싶었으면 저런 어이없는 행동까지 했을까 싶어 한편으로는 안쓰러웠다.

"빨리 가! 너 이번 일은 그냥 안 넘어갈 거니까 각오해!"

동기는 고개를 푹 숙이고 승희 뒤를 졸졸 쫓아갔다. 걸음을 옮길 때마다 아직도 머리와 옷에서는 물이 떨어지고 있었다. 그런데 동기가 갑자기 뒤돌아 뛰기 시작했다.

앞서 걷던 승희는 자신도 아들도 오늘은 되는 게 하나도 없는 날이라고 생각했다. 남편에게 이 사실을 알려야 하나? 또 꽁지머리에겐 뭐라고 해야 하나? 늘 그렇듯이 머릿속이 걱정거리로 가득했다.

"동기 어머니, 안녕하세요?"

갑자기 두서너 걸음 앞에서 동기의 담임선생님이 인사를 했다.

"네, 안녕하세요? 선생님!"

하필 이런 순간에 담임선생님을 만나다니……. 승희는 뒤따라오던 동기가 신경 쓰여 살짝 돌아봤다. 학교 밖에서도 사고치고 다니는 아들의 모습을 담임선생님에게까지 들키고 싶지는 않았다. 다행이라고 해야 할지 눈치 빠른 동기는 어디로 갔는지 보이지 않았다.

"그렇지 않아도 학교에 한 번 오시라고 전화 드리려고 했는데 잘 됐군요."

"아, 네. 무슨 일이라도?"

"동기가 요즘 어머님이 글 쓰시느라고 너무 바쁘다고 하시던데."

"아, 좀……."

승희는 당황스러워 말이 잘 안 나왔다.

'도대체 이 녀석이 뭐라고 뻥을 치고 다닌 거야?'

"어머니, 글 쓰시느라 바쁘셔도 동기 신경 좀 써 주세요. 이번 수학 시험에서 48점은 좀 너무 했습니다. 반 평균 까먹는 건 그렇다 치고 중학교 가서 어쩌려고 그러는지."

'48점! 분명히 아직 시험 점수 안 나왔다고 했는데…….'

승희는 담임선생님의 시선을 살짝 피했다.

"저는 동기가 아무렇지도 않게 어머니 사인을 받아 와서 깜짝 놀랐어요. 시험 점수 보시면 전화라도 주실 줄 알았는데……."

'사인을?'

승희의 머리가 슈퍼 컴퓨터처럼 재빨리 돌아갔다. 동기가 자기 몰래 사인을 위조한 게 분명했다.

'이 자식이 이젠…….'

가슴이 벌렁거리고 온몸이 가늘게 떨렸다. 하지만 놀란 감정을 누르고 표정 관리를 했다. 담임선생님에게는 이 사실을 모르게 해야 했다. 아들을 공부 못하는 말썽꾸러기로도 모자라 거짓말쟁이로까지 낙인찍히게 할 순 없는 노릇이었다.

"선생님, 죄송해요. 선생님 뵐 면목이 없어서 연락도 못 드렸어요. 지난번 시험 점수 보고 동기 저하고 남편한테 많이 혼났어요. 지금 학원 다시 알아보고 있는 중이에요. 더 신경 쓰겠습니다."

승희는 거짓말로 대충 얼버무리고 담임선생님과 헤어졌다.

승희는 집으로 돌아와 동기를 쥐 잡듯 잡았다. 동기는 워낙 지은 죄가 엄중하다 보니 아무 말 없이 죽은 듯이 있었다.

"아빠 오실 때까지 각오하고 있어!"

"엄마, 내가 잘못했어. 나도 알아. 다음부터는 절대로 안 그럴게. 그러니까 아빠한테 한 번만 용서해 달라고 얘기해 줘. 이대로 그만두면 지금까지 준비한 오늘의 메뉴는 어떻게 해? 부탁이야!"

동기는 애절하게 엄마의 동정심에 호소했다. 하지만 승희는 동기에 대한 배신감과 실망감에 쉽게 마음이 진정되지 않았다.

"꼴 보기 싫으니까 네 방으로 들어가!'

동기는 어깨가 축 처진 채 방으로 들어갔고 저녁도 먹지 않았다. 승희는 억지로라도 저녁은 먹일까 하다 그냥 내버려 두었다. 이 판국에 아무렇지도 않게 밥이 넘어가면 이상한 일이다. 승희도 몇 달 동안 했을 잔소리와 험한 말을 한꺼번에 쏟아내고 나니 기운이 빠졌다. 그런데 남편에겐 이 사실을 어떻게 말해야 할지 막막했다.

"무슨 일 있어?"

퇴근해서 들어 온 남편은 집안의 이상한 낌새를 감지하고선 먼저 입을 열었다.

"저기……."

승희는 어렵사리 오늘 하루에 일어난 대소동에 대해 남편에게 털어 놓았다. 남편도 승희 못지않게 놀란 눈치다. 시험 점수보다 동기가 거짓말을 했다는 사실이 믿기지 않는 표정이었다. 잠시 침묵하던 남편이 동기를 불렀다. 기운이 하나 없이 잔뜩 주눅 들어 있는 동기가 방에서 나왔다.

"아빠 너한테 너무 실망했다. 약속을 지키지 못한 것도 실망스럽지만 자신이 한 행동을 책임지기 싫어 비겁하게 거짓말하고 부모를 속인 것은 용서하기가 힘들어."

남편의 목소리는 엄하고 단호했다. 동기는 고개를 푹 숙인 채 아무 말도 하지 못하고 있었다.

"앞으로 동기 네가 한 말이나 행동을 어떻게 믿을 수 있지?"

"……."

"우선 내일부터 요리 수업은 당장 그만둬! 성적 떨어지면 그만둔다고 했으니까 당연한 거야! 거짓말한 잘못은 어떻게 할지 엄마랑 의논해 본 후 일려 줄 테니까 그만 들어가!"

"아빠, 잘못했어요! 그런데 오늘의 메뉴 선정에는 나가게 해 주세요. 다신 안 그럴게요."

동기가 울먹이며 사정을 했지만 남편은 냉정했다.

"시끄러워! 어서 방으로 들어가!"

승희도 놀랐다. 거짓말한 것을 심하게 혼낼 줄은 알았지만, 설마 요리를 당장 그만두라고 할 줄은 전혀 예상하지 못했다.

"무조건 그만두라고 하면 어떻게 해요? 오늘의 메뉴 선정도 얼마 안 남았는데……."

승희가 눈치를 살피며 조심스럽게 이야기했다.

"시작할 때 성적 떨어지면 그만둔다고 한 거였잖아. 그리고 지금 요리 그만두는 것보다 더 큰 문제는 거짓말까지 하면서 수단과 방법을 가리지 않고 하고 싶은 걸 하려는 거라고. 당신은 뭐가 심각한 줄도 몰라?"

"그건 나도 아는데……. 쟤도 지 뜻대로 안 되니까……. 오죽 답답했으면 거짓말까지 했겠어? 그동안 준비 많이 했으니까 오늘의 메뉴 선정에는 참여할 수 있게 해 주자고요."

"당신은 별일도 아닌 거 가지고서는 필요 이상으로 애한테 간섭하고 잔소리하면서 정작 원칙대로 해야 할 때는 무조건 애만 감싸고돌아. 애가 저 모양인 건 당신 탓도 커!"

승희는 동기 문제에 남편이 자신의 책임을 언급하기만 하면 민감하게 반응이 되었다.

"왜 또 모든 잘못을 나한테 돌리는 데? 못하면 다 내 탓이야? 그래 알았어! 뭐든 내 책임이니까 내가 알아서 다 하면 되겠네. 그러니까 요리를 계속 시키든지 그만두게 하든지 내가 알아서 할 테니까 앞으로 당신은 신경 꺼!"

승희는 얼굴이 시뻘게져서 컴퓨터 방으로 쌩하니 들어가 버렸다. 답답하고 화가 난 남편도 거칠게 문을 닫고 안방으로 들어가 버렸다.

집안 분위기가 썰렁하다. 동기는 자신 때문에 부부 싸움까지 한 엄마 아빠를 은근슬쩍 피했다. 남편은 평상시와 다름없어 보이지만 실은 말수가 더 적어졌다. 본의 아니게 모든 책임을 떠안아 버리게 된 승희는 신경이 날카로워졌다. 더구나 홧김에 다 알아서 하겠다고 큰소리는 쳤지만 자꾸 남편에게 눈치가 보였다. 그래서 동기의 사소한 행동에도 민감해지고 그럴수록 못마땅한 것이 많았다. 당연히 잔소리는 더욱 늘어나고 말이 곱게 나오질 않았다.

오늘도 학교에서 놀아와 컴퓨터 앞에 앉아 있는 동기에게 시비조로 따지고 들었다.

"뭐하는 거야?"

"자료 조사해야 되서 그래."

"무슨 자료를 찾는데 그렇게 오래 걸려? 수학 문제집 먼저 풀고 해!"

"얼마 안 걸려."

"그 난리를 겪고도 정신 못 차리겠니? 좋아하는 요리한다고 뭐든 다 잘 될 줄 알아? 요리한다고 폼만 잡지 말고 공부부터 신경 써! 공부도 제대로 못하면서 요리는 잘할 수 있을 거 같아? 옛날부터 하나를 보면 열을 안다고 했어. 너 공부하는 꼬락서니 보면 요리도 별 수 없어! 요리라고 공부랑 다를 것 같아? 지금이야 처음 시작하는 거니 신기해서 그러겠지만 솔직히 난 네가 요리도 끝까지 열심히 할지 의심스러워. 그러니까 잔말 말고 공부부터 해!"

승희의 입에서 제동 장치가 풀려 버렸다. 자신이 조금 치사하다는 생각이 들기도 했다.

"그러는 엄마는? 글 쓴다고 집안 일 대충하고 내가 뭐 좀 부탁해도 바쁘다며 안 도와줬잖아. 그런데 그렇게 중요한 글쓰기를 지금은 왜 그만뒀는데? 엄마도 잘 못하면서 왜 자꾸 나만 혼내? 나 야단치고 간섭하는 게 제일 쉽지? 그래서 자꾸 그러는 거지?"

승희는 기가 막혀서 할 말을 잠시 잊었다. 아들의 말에 스스로 찔리는 구석이 있기도 했다. 그러나 이런 식으로 자식에게 무안을 당하는 것은 참을 수가 없었다.

"너 말 다했어? 보자보자 하니 끝도 없구나. 너 같은 애 힘들여서 키워 줄 생각 없으니까 당장 나가!"

동기가 잘못했다고 빌었으면 승희는 그냥 이쯤에서 넘어가려고 했다. 그런데 아들은 뒤도 돌아보지 않고 정말로 집을 나가 버렸다.

"쟤가 정말 눈에 보이는 게 없나?"

승희는 어이가 없어 한동안 멍하니 서 있었다.

벌써 8시가 넘었다. 밖에는 어둠이 찾아온 지 오래다. 하지만 동기도 찾으러 나간 남편도 아무 소식이 없다. 평소보다 일찍 집에 들어온 남편이 무슨 생각에서인지 동기를 찾아 나섰다. 요리 수업 문제로 아직은 남편 대하기가 껄끄러웠던 승희는 가슴에 눌려 있던 돌덩이를 내려놓는 기분이었다. 요즘 자꾸 자신에게 대드는 동기 때문에 화가 나서 심하게 말을 했지만 내쫓을 필요까지는 없었다. 마침 남편이 난처한 자신의 입장을 헤아리기라도 한 듯 알아서 해결을 해 주니 반가웠다. 그런데 남편이 나간 지 한 시간이 다 되도록 연락이 없으니 점점 불안해졌다. 전화를 해도 받지를 않았다.

승희는 집을 나섰다. 어디로 가야 할지 막막하기만 했다. 일단은 상가 쪽을 돌아보기로 했다.

'이 사람은 애를 찾기는 한 거야? 왜 전화도 안 받지?'

승희는 또다시 전화를 하려고 핸드폰을 꺼내다가 놀이터 옆 벤치에 나란히 앉아 있는 부자를 발견했다. 뒷모습만으로는 어떤 상황인지 알

수 없었다. 다행히 심각해 보이지는 않았다.

승희는 조심스럽게 부자에게 다가갔다. 어떤 식으로 아는 척을 해야 할지 어색해서 일부러 잔기침으로 인기척을 만들었다.

"뭐 해?"

되도록 아무렇지도 않게 물었다. 하지만 둘 다 말이 없다. 동기가 아빠한테 야단을 맞은 것 같지는 않아 보였다. 왜 서로 아무 말도 하지 않고 있는지 궁금하고 또 한편으로 맘이 아팠다. 공부 못한다고 부모에게 싫은 소리만 듣고 인정 못 받는 아들도, 하나 밖에 없는 아들이 기대에 못 미쳐 속상해 하는 남편도 안쓰럽기만 했다.

"들어가자. 저녁 먹어야지."

승희가 덤덤한 목소리로 말했다.

"나온 김에 오래간만에 외식이나 하지."

남편의 제안에 승희도 동기도 말없이 일어섰다.

세 식구는 근처 중국집에서 오래간만에 외식을 했다. 평상시 승희네 집 외식 시간은 신이 나서 떠들어대는 동기와 쉼 없이 잔소리를 하는 승희로 인해 시끄럽고 다소 정신이 없는 편이었다. 그런데 오늘은 모두 조용히 앉아 식사에만 전념하고 있었다. 세 사람 다 이런 분위기는 어색하기만 했다.

"으음!"

남편이 할 말이 있다는 신호를 보냈다. 승희와 동기는 잠시 식사를 멈추고 눈길을 주었다.

"동기한테 한 번 더 기회를 주려고 해. 동기도 많이 반성하고 있고 그동안 오늘의 메뉴 준비하느라 노력도 많이 한 거 같아서."

승희도 동기도 깜짝 놀랐다.

"당신하고는 미리 의논 못했지만……. 반대하는 거야?"

남편이 승희의 의사를 물었다.

"내가 왜?"

승희는 화들짝 놀라 짧게 대답했다.

동기는 아직도 믿어지지 않는 표정이다. 승희도 한시름 놓았다. 남편이 계속 고집을 피웠다면 자신은 남편과 아들 사이에서 스트레스를 받아 제 명에 못 살지 싶었다. 이제 한 고비 넘겼으니 다행이다. 대신 도대체 둘이 무슨 일이 있었기에 남편이 마음을 바꿨는지 그 이유가 궁금해 미칠 지경이다. 하지만 괜히 잘못 건드렸다가 긁어 부스럼 만들까 싶어 입을 다물었다. 그냥 이쯤에서 넘어가는 것이 현명할 듯 했다. 승희는 말은 하지 않았지만 남편이 이번 사태를 잘 마무리해 주어서 너무 고마웠다.

동기는 본격적으로 오늘의 메뉴 준비에 몰두했다. 날짜가 다가올수록 승희는 마음이 조마조마했다. 어렵게 얻은 이번 기회에 원하는 결과를 얻어야 하는데 그렇지 못하면 동기가 너무 실망할까 봐 내심 걱정이 됐다. 하지만 내색은 하지 않았다. 자신의 관심이 아들에게는 부담이 될 수밖에 없다는 걸 요 며칠 새 깨달았기 때문이다. 대신에 동기의 이야기를 많이 들어주려고 노력했고, 요리하는 것을 옆에서 도와주고 음식 맛에 대한 평가도 해 주었다. 승희는 예전과는 조금 달라졌다. 자신이 직접 나서기보다는 동기가 주도적으로 할 수 있도록 옆에서 지켜보는 시간이 더 많았다.

드디어 내일이면 오늘의 메뉴가 선정되는 날! 동기는 마지막으로 요리 레시피를 리포트로 작성하고 그동안 고민해 왔던 요리 제목을 정했다.

'브로콜리 너마저'

동기가 좋아하는 밴드의 이름에서 가져왔다. 승희도 맘에 들었다.

저녁 설거지를 끝낸 승희는 밀린 다림질을 시작했다. 남편 와이셔츠 말고도 다려할 것들이 꽤 많다. 집 안은 조용하다. 그런데 소파에서 신문을 보던 남편이 갑자기 한마디 툭 던졌다.

"피곤하면 내가 다려?"

승희는 동기가 성적을 속인 사건 이후로 남편이 어딘지 모르게 변했다고 느끼고 있었다. 요즘 들어 부쩍 동기에 대해 이거저거 물어 보는 횟수가 늘었고, 자신의 의견을 내세우기 보다는 승희가 하는 말을 잘 들으려고 하는 것 같았다. 덕분에 남편이 아들에 대한 이야기만 꺼내면 긴장하고 주눅 들었던 승희가 이제는 편하게 자신의 생각을 말할 수 있게 되었다. 그런데 갑자기 이런 뜻밖의 말까지 듣게 되다니 승희는 화들짝 놀라 대답도 못했다.

 "지난번엔 당신이 오버한 거다. 나는 그냥 별 뜻 없이 물어 본 건데 그렇게까지 예민하게 반응할 건 뭐 있어? 당신 꽤 다혈질이야. 그동안 나한테 불만이 많았나 봐. 괜히 죄 없는 와이셔츠에다 화풀이를 하게. 앞으론 당사자에게 직접 하는 게 어때?"

 남편은 은근슬쩍 승희의 표정을 살피며 지나가는 말처럼 무심하게 이야기했다.

 "내가 뭘 어쨌다고……."

 그때 일을 생각하니 남편에게 미안해져 괜히 주름하나 없는 와이셔츠를 다리미로 자꾸만 문질러댔다.

 드디어 오늘의 메뉴를 선정하는 날이다. 동기는 일찍 일어나서 학교 갈 준비를 벌써 끝냈다. 출근하던 남편도 아들을 격려해 주었다. 승희는 그런 모습을 보니 마음이 뿌듯했다. 오래간만에 남편과 자신이 한 배를 탔다는 유대감을 느꼈다. 동기는 학교에서 바로 식당으로 간다고 했다.

"엄마가 갈까?"

"왜?"

"응원하러!"

"됐어! 내가 어린애야? 바른이가 마마보이라고 비웃을걸?"

"알았어. 마음 푹 놓고 발표해. 알았지?"

"예쓰 맘!"

동기는 멋지게 손을 올려 거수경례를 했다.

지금쯤 한창 발표를 하고 있을 시간이다. 승희는 초조하기가 이루 말할 수 없다. 아무래도 식당에 가 봐야 할 것 같았다. 아까 바른이 엄마는 전화로 한번 들러 볼 거라고 했으니 꽁지머리도 별 말은 하지 않을 것 같았다. 하지만 현관에서 신발을 신다 도로 집 안으로 들어와 버렸다. 아침에 동기가 오지 말라고 했는데 괜히 갔다가 아들 신경만 쓰이게 할지도 모를 일이다. 승희는 끝날 시간만 눈이 빠지도록 기다렸다.

선발 대회가 끝나고 집으로 돌아오고도 남을 시간인데 동기는 감감무소식이다. 승희는 전화를 해 보려고 수화기를 들었다가 도로 내려놓았다. 아무래도 느낌이 불안하다. 이럴 땐 무소식이 불길하다.

띠띠띠.

현관문 키 누르는 소리가 나더니 마침내 동기가 집 안에 들어섰다. 얼굴에 잔뜩 먹구름이 끼어 있다.

"어떻게 됐어?"

일부러 아무렇지도 않게 승희가 물었다.

"다 알면서 뭘 그래?"

동기가 힘없이 대답하고는 방으로 들어가 버렸다.

승희는 아들이 안쓰러워 어찌 할 바를 몰랐다. 방문을 살짝 열고 들여다보니 동기가 침대에 엎드려 있다.

"괜찮아? 바람 쐬러 나갈까?"

"됐어."

"외식 할까?"

동기는 대답이 없다. 승희는 조용히 방문을 닫아 주었다.

우우웅.

남편이다. 승희는 조용조용 결과에 대해 이야기했다. 남편은 '알았

다.'고 간단하게 대답하고 전화를 끊었다.

승희는 대학 시절 몇 날 밤을 새워 가며 완성했던 작품이 공모에서 떨어졌을 때도, 취업을 원하던 곳에서 자신을 받아 주지 않았을 때도, 며칠 전에 글쓰기 수업에서 심한 평가를 받았을 때도 이보다는 힘들지 않았다. 스스로 겪는 좌절이나 실망감은 그냥 내가 알아서 처리하면 될 뿐이다. 하지만 자식의 고통을 그저 바라보기만 해야 하는 것은 너무나 어려운 숙제거리였다.

동기가 오늘의 메뉴 선정에서 떨어진 후 집안 분위기가 착 가라앉았다. 기운이 하나도 없는 동기는 불러도 대답도 잘 안 했고, 밥도 신통치 않게 먹었다. 남편도 가타부타 별 말이 없다. 승희는 어떻게든 동기의 기분을 풀어 주고 싶었지만 잘 되지 않았다. 언제까지 저렇게 풀이 죽어 있을 건지, 차라리 엄마에게 꼬박꼬박 말대꾸하며 대들었을 때가 훨씬 속 편했다.

"동기야, 이리 나와서 엄마 좀 도와줄래?"

승희는 간식으로 스파게티를 만들었다. 축 처져 있는 동기의 기분 전환을 위해 일부러 도움을 요청했다. 아들을 위한 작은 배려였다.

"뭐?"

동기가 주방으로 들어서며 힘없이 물었다.

"엄마가 토마토 썰 동안 면 좀 삶아 줄래? 면 삶는 건 네가 더 잘하잖아."

동기는 말없이 그저 엄마가 시키는 일을 했다. 승희는 일부러 밝은 목소리로 '간 좀 봐 줘.' '예쁘게 담아.' 라고 말하며 분위기를 띄우려 했으나 동기는 별 반응이 없었다.

"엄마, 그냥 평소처럼 해. 난 괜찮아."

동기는 애쓰고 있는 엄마가 안쓰러웠는지 짧게 말했다.

김이 모락모락 나는 스파게티가 완성됐다. 냄새도 그럴싸하고 먹음직스러워 보였다. 하지만 모자는 같이 만든 음식을 말없이 먹었다.

갑자기 동기가 눈물을 뚝뚝 흘렸다. 그동안 누르고 있었던 서러움이 올라온 것이다. 차라리 시원하게 울면 좋으련만 동기는 소리 없이 속울음을 하더니 방으로 조용히 들어갔다. 승희는 가슴이 찢어질 듯 아팠다.

승희는 좀처럼 진정이 되지 않았다.

'이게 다 꽁지머리 때문이야. 친구 아들 좀 봐 주면 안 되나? 지가 무슨 대단한 요리 스승이라고 진짜!'

갑자기 불똥이 엉뚱하게 꽁지머리에게 튀었다. 승희는 동기에게 좌절의 상처를 주고 결국에는 자신도 이렇게 힘들게 만든 꽁지머리가 야속했다.

'꽁지머리 너 내가 가만두나 봐라.'

승희는 옷을 주섬주섬 걸치고는 한달음에 식당으로 달려갔다.

"너 정말 너무한다. 얼마나 잘 해 보고 싶었으면 애가 불까지 내면서 준비를 했겠니? 그럼 좀 붙여 주면 안 돼? 그게 뭐 그렇게 대단한 거라고 애 가슴에 대못을 박아?"

승희는 눈물까지 글썽였다.

꽁지머리는 갑자기 들이닥친 승희 때문에 처음에는 많이 놀랐지만 곧 대수롭지 않다는 듯 입을 열었다.

"너도 참 딱하다. 애가 자라면서 이런 저런 좌절도 경험하는 거지. 자식 힘들어 하는 걸 그렇게 못 보니 큰일이다. 언제쯤이면 아들 일, 네 일 분간하면서 살래? 지금 네 입으로도 오늘의 메뉴가 별거 아니라며 왜 이렇게 흥분하고 그래. 그냥 재미삼아 요리에 흥미 좀 가지라고 시작한 건데 이게 무슨 요리 실력 평가 대회라도 되냐? 평가 대회여도 그렇지 뽑히는 사람이 있으면 그렇지 않은 사람이 있는 건 당연한 거고."

침착하게 이야기하는 꽁지머리에게 더 이상 태클을 걸기는 힘들었다. 꽁지머리는 잠시 간격을 두었다가 부드럽지만 단호하게 말을 이어

갔다.

"너무 흥분하지만 말고 이번 기회에 동기가 뭘 배웠는지 한번 생각해 봐. 남들에게 인정받는 것이 그렇게 중요한 걸까? 당장 눈에 보이는 결과로만 평가하지 말았으면 좋겠다. 자, 나는 더 이상 할 말 없고 손님 받아야 하니까 그만 집에 가라!"

승희는 뭐라고 대꾸할 말이 없었다.

꽁지머리 말이 틀린 말도 아니었다. 화를 낸 것이 머쓱해지고 분노 게이지가 쑥 내려간 느낌이었다. 승희는 본전도 못 추리고 쫓겨나다시피 식당에서 나왔다.

'결과로만 평가하지 말라고?'

'동기가 뭘 배웠냐고?'

'남들에게 인정받는 것이 중요한 건 아니라고?'

자꾸만 꽁지머리가 했던 말들이 머리에서 맴돌았다.

남편은 늦게 귀가했다. 요즘 계속 피곤하고 지친 모습이다.

"동기 오늘은 어땠어?"

남편의 물음에 승희는 별 대답을 하지 않았다. 다만 자신만큼 속상할 것 같은 남편이 그간 별다른 내색을 하지 않는 것이 궁금했다.

"당신도 동기가 오늘의 요리에서 떨어져서 실망했지?"

승희가 물었다.

"글쎄, 동기의 메뉴가 뽑혔다면 기분이야 좋았겠지. 그런데 저 녀석 성격에 단박에 원하는 걸 손에 넣었으면 너무 기고만장하지 않았을까? 마치 세상을 다 얻은 것처럼 들떠서 중요한 걸 많이 놓칠 수도 있었을 거야."

승희는 너무나 뜻밖의 대답에 놀랐다.

"그럼 당신은 동기가 저렇게 돼서 오히려 잘 됐다는 거야?"

"왜 또 흥분해서 사람 말을 오해하고 그래. 난 그냥 실패를 통해서 배우는 것도 있다는 말을 하고 싶은 거야. 원하는 것을 이루기 위해서는 참고 기다리는 법도 배워야 한다고. 뭐든 원하는 대로 바로바로 이루어지면 누가 노력이란 걸 하겠어?"

"하긴 그래……."

승희는 남편의 말이 낮에 꽁지머리가 했던 말들과 일맥상통한다고 느꼈다. 그러고 보니 자신은 너무 동기의 감정에 동화되어 속상해 하고 마음 아파만 했었다. 이럴수록 정신을 차리고 좀 냉정해질 필요가 있다는 생각이 들었다.

"당신은 앞으로 어떻게 했으면 좋겠어?"

승희는 진짜로 남편의 의견이 궁금했다.

"너무 조급해 하지 말고 좀 기다려 보자고. 동기도 아마 이번 일로 배운 게 많을 거야. 그러니까 당신도 여유를 가지라고."

"알았어요."

승희는 남편의 말에 적잖이 안심이 되었다. 이럴 때는 남편이 곁에 있다는 것이 든든하게 느껴졌다.

엄마는 네 맘 이해 할 수 있어!

아들! 실망했지? 많이 속상할 거야.

나도 얼마 전에 우리 아들이랑 비슷한 경험을 했거든. 아들도 이 엄마가 동화 쓰기 강좌에서 내준 숙제하느라 잠도 못 자고 너한테 라면만 끓여 주면서 컴퓨터 앞에만 앉아 있었던 거 기억나지? 우리 아들이 '오늘의 메뉴'에 선정되기 위해서 열심히 준비한 것처럼 엄마도 엄마의 기획안이 선생님들 맘에 들어 책으로 출판될 수 있는 기회를 잡고 싶었거든.

사실 엄마의 오랜 꿈이 작가가 되는 거였으니 얼마나 기대를 했겠니? 엄마 딴에는 정말 열심히 한다고 했단다. 그런데 결국 선생님한테는 좋은 평가를 받지 못했어. 기대가 크면 실망도 크다고 엄마가 너랑 아빠 보기 창피해서 말을 안 해서 그렇지 사실 혼자 쪼금 울었어.

그런데 우리 아들두 이 엄마처럼 '오늘의 메뉴' 선정에서 미역국을 먹었네! 네가 얼마나 꽁지머리 사부님 맘에 들고 싶어 하는지, 요리 실력으로 엄마 아빠에게 얼마나 인정받고 싶어 하는지, 그리고 공부가 아니더라도 잘할 수 있는 것이 있다는 걸 스스로 확인하고 싶어 하는지 누구보다도 잘 알고 있기에 엄마는 맘이 아팠단다.

하지만 동기야! 우리 이렇게 생각하면 어떨까? 네가 요리를 배우는 것도, 공부를

내 블로그 | 이웃 블로그 | 모두의 블로그 | 바로가기 ⌄ LOGIN

하는 것도, 또 이 엄마가 글을 쓰는 것도 다 연습과 과정이 필요하다고. 그러니 도중에 뜻대로 되지 않을 때도 있고, 장애물을 만날 수도 있는 거잖아! 아마 너랑 엄마는 지금 어려움을 극복하는 법을 배우고 있는 건지도 몰라. 미리 예방 주사를 맞아 놓으면 나중에 더 힘든 일이 생기더라도 잘 대처할 수 있잖아!

그러니까 우리 힘내자! 우리 아들 요리 수업에 또 엄마의 글쓰기 전선에 잠깐 먹구름이 끼어 있지만, 이 어려움을 참고 기다리다 보면 너도 엄마도 지금보다는 조금 더 멋있고 훌륭한 사람이 되어 있지 않을까?

단편 동화 공모

 날씨가 화창하다. 날씨 덕분인지 오늘은 식구들이 오랜만에 다들 기운을 차린 듯 했다. 모처럼 한가로운 오후를 보내고 있던 승희는 뜻밖의 전화 한 통을 받았다.
 "언니, 저 나영이에요. 왜 오늘도 수업 안 나오셨어요? 무슨 일 있으세요?"
 활발한 나영씨는 이번 기수 반장을 맡고 있었다. 승희는 기획안 평가회 이후 2주째 결석을 하고 있었다.
 "집에 일이 좀 있어서. 별일 없지?"
 "네! 다음 주엔 꼭 나오세요. 그리고 이번 달 말까지 가능한 사람들은 원고지 40매 정도의 짧은 단편을 써 보래요. 선배 기수들이 모여 작품집을 출판하는데 우리도 기회를 준대요."

승희는 귀가 솔깃했다.

"제출한 작품 중에서 괜찮은 걸로 한 편 정도 끼워 줄 거래요."

"그래? 근데 뭐 나 같은 사람이 되겠어? 저번에 기획안 봤잖아. 나영씨나 한 번 써 봐."

"언니도 참! 암튼 수업은 빼먹지 말고 꼭 나오세요."

전화를 끊고 난 승희는 날짜를 헤아려 보았다. 한 3주 정도의 시간이 남아 있었다. 짧은 단편 정도는 도전해 볼 수 있을 듯 했다. 하지만 지난번 평가도 그랬고 이제 겨우 제자리로 돌아온 동기에게 좀 더 신경 써야 할 것 같아 선뜻 용기가 나지 않았다.

새라는 바쁜 날들을 보내서인지 피곤해 보였다.

하지만 사려심 깊은 친구인지라 승희가 풀어내는 고민거리들을 잘 들어 주었다. 제법 긴 이야기인데도 지루한 표정 없이 열심히 듣고만 있었다.

"승희야! 난 네가 해 보지도 않고 포기하진 않았으면 좋겠어."

드디어 이야기가 끝났고 따뜻한 눈으로 승희를 바라보던 새라가 입을 열었다.

"그럼 써 보란 말이야? 그러다 또 망신만 당하면 어쩌냐! 게다가 그것도 일이라고 집안이 엉망이 되더라고. 지난번에 별것도 아닌 기획안 하나 쓰면서 동기한테 여차하면 라면에 자장면만 먹인 거 있지?"

승희는 그 고생을 하면서 썼던 기획안이 냉정한 평가를 받았던 생각을 하니 다시 마음이 쓰렸다.

"승희야! 남들은 나 보고 다 운이 좋다고 한다. 맞는 말이기도 해. 하지만 우리 애 때문에 처음 비누를 만들기 시작했을 때는 정말 절박했었어. 애가 너무 힘들어 했었거든."

타국에서 혼자 고생했을 친구와 아이를 생각하니 승희는 가슴이 뭉클해졌다.

"제대로 된 비누를 만들기까지 몇 달이 걸렸어. 매일 만들고 실패하고 다시 만들기를 수없이 반복하는 시행착오를 엄청 겪었지. 아마 그때 포기했더라면 지금의 나는 없었을 거야."

새라는 살림하고 아이 키우면서 비누 만들고 강의 나가는 바깥 활동이 너무 힘들었다고 했다. 포기하고 싶을 때도 한두 번이 아니었다고 한다. 하지만 그때마다 지금 그만두고 나면 다시 뭔가를 새로 시작하기는 더욱 힘들어질 것이라는 생각에 맘을 다잡았다고 했다. 포기하지 않고 노력하다 보니 운도 따라 주었고……. 새라는 하고 싶은 일을 실패가 두려워 시작도 하지 못하는 것처럼 어리석은 일도 없다고 충고했다. 도전하고 노력해 보라고 승희를 격려했다.

"승희야! 쉬운 일은 없어. 단지 너를 믿고 끝없이 노력할 뿐이야."

새라의 따뜻한 충고에 움츠렸던 승희의 마음이 기지개를 켜기 시작했다.

승희는 새라를 만나고 난 후 한결 마음이 가벼워졌다. 다시 글을 쓸 수 있는 용기를 얻은 것이다. 그래도 아직 100퍼센트 마음에서 결정을 내리지는 못했다. 동기 때문이다. 아들은 아직 오늘의 메뉴 선정에서 떨어진 충격에서 벗어난 것 같지 않은데, 자신은 다시 새로운 일을 벌인다는 것이 좀 이기적으로 느껴졌기 때문이다. 하지만 한편으로는 실패가 두려워 아들을 핑계로 자꾸 결정을 늦추고 있는 것 같다는 생각도 들었다.

"다녀왔습니다."

승희는 갑자기 정신이 들었다.

"응. 어서 와!"

요리 수업을 마치고 온 동기였다. 그런데 뭔가 할 얘기가 있는 듯 했다. 승희는 아들이 먼저 이야기할 때까지 기다렸다.

"엄마 초등학생 요리왕 선발 대회가 있는데 나가 볼까?"

동기가 상기 된 얼굴로 약간 뜸을 들이며 말했다. 유명한 주방 기구 회사에서 주최하는 대회로 전국의 초등학교 고학년을 대상으로 하는 대회였다. 요리에 대한 상식을 테스트하는 필기시험과 주어진 재료를 가지고 불을 사용하지 않는 요리를 만드는 실기 시험을 본다고 했다. 바른이도 참가한다고 했다.

승희는 사실 바른이 엄마를 통해 요리왕 선발 대회가 있다는 걸 이미 알고 있었다. 동기가 망설이고 있는 것도 눈치 채고 있었지만 아는 척은 하지 않았다. 아들도 자신처럼 실패가 두려워 시작을 주저하는 것 같아 마치 자신의 모습을 보는 듯 했었다. 그래서 이번만큼은 동기의 판단에 맡기고 기다려 보기로 했는데, 이렇게 의젓하게도 다시 시작해 보겠다고 용기를 낸 것이다.

순간 승희도 힘들더라도 다시 한 번 글을 써 보기로 결정했다. 아들을 방패삼아 숨어 버릴 것이 아니라 이젠 아들에게 자신이 용기를 줄 차례였다.

"그래? 재밌겠네? 나가 봐. 이번에도 열심히 준비해 보렴! 노력하다 보면 좋은 결과도 있을 거야. 엄마가 도와줄 일 있으면 얘기 하고."

승희는 일부러 더 밝은 목소리로 크게 얘기했다. 동기의 얼굴이 환해졌다. 승희와 동기의 또 다른 도전이 이렇게 시작되었다.

승희는 고민 끝에 동기의 가출 사건을 소재로 글을 쓰기로 결정했다. 비록 엄마랑 싸우고 집을 나가기는 했지만 동기는 난생 처음 혼자서 먼 길을 찾아 갔고, 그 속에서 많은 것을 경험하고 느꼈을 것이기 때문이다. 실제로 돌아보니 동기가 많이 변하기도 했다. 승희는 일일 가출을 겪으면서 부쩍 자란 동기의 모습을 통해 아이들은 어떠한 상황에서도 자신들만의 방식으로 배우고 성장한다는 것을 이야기하고 싶었다. 오늘의 메뉴 선정에서 탈락한 아들을 위해 엄마가 마음으로 보내는 작은 위로와 격려이기도 했다.

동기는 요리왕 선발 대회 예선에서 떨어졌다. 함께 나간 바른이도 떨어졌다. 꽁지머리는 동기와 바른이가 팀으로 나가 서로의 단점을 보완했더라면 좋았을 거라며 아쉬워했다. 동기는 요리에 대한 의욕을 상실한 것 같았다. 하지만 생각보단 덤덤했다. 말수도 적어지고 매사 심드렁하기는 했지만 별로 힘든 내색은 하지 않았다. 오히려 승희가 느끼는 허탈감과 좌절감이 더 컸다.

처음에 동기에게 요리 수업을 시켰을 땐 요리를 통해 공부에 동기 부여를 할 수 있을 것이라고 생각했다. 하지만 역시나 많은 사람들의 염려대로 현실의 벽은 높기만 하다는 것을 다시 한 번 확인했을 뿐이었다. 이제는 동기가 좋아하던 요리마저도 흥미를 잃어버릴까 봐 걱정이다. 공부에는 아예 담을 쌓아 버릴지도 모르겠다는 불안감이 밀려오기도 했다.

컴퓨터 앞에 앉은 승희는 눈이 침침하기만 하다. 벌써 30분째다. 머릿속이 온통 하얘지고 더 이상 진도가 나가질 않는다. 승희가 쓰고 있는 동화 속의 주인공은 짧은 가출을 통해 요리라는 흥미로운 도전을 시작하고 꿈을 이루는 희망적인 결말을 향해 나아가고 있다. 하지만 정작 모델이 되었던 동기는 왜 이런 것일까? 자신이 쓰고 있는 이야기와는 전혀 다르게 펼쳐지고 있는 현실 앞에서 승희는 더 이상 글을 진행시킬 의욕이 나질 않았다. 게다가 자신의 이야기가 현실성이 있기나 한 건지 너무 의심스럽기까지 했다.

"잤어?"

답답한 승희가 참다못해 새라에게 문자를 보냈다.

"아니. 무슨 일 있어?"

"동기 요리왕 대회에서 또 떨어졌어."

"저런, 실망 많이 했겠다."

"난 내일이 마감인데 글이 써지질 않아. 아무래도 그만둘까 봐!"

우우웅.

문자로는 안 되겠다 싶었는지 새라가 바로 전화를 걸어 왔다.

"너까지 왜 그래?"

"새라야! 애는 저 모양인데 무슨 영화를 누리겠다고 이 짓을 하는지 모르겠다."

새라는 잠시 아무 말도 하지 않았다.

"듣고 있는 거야?"

"승희야! 무슨 이유에서 글을 쓰기 시작했건 중요한 건 네가 아직까지 포기하지 않고 계속하고 있다는 거야."

생각해 보니 여기까지 쉽게 온 것은 아니었다. 때로는 동기 때문에 때로는 자기 자신 때문에 힘들어서 그만두고 싶을 때도 많았다. 그래도 포기하지 않았다. 승희는 최선을 다해서 노력했다는 기억마저 없다면 다시는 새로운 것을 시작할 용기조차 낼 수 없을 것 같았다.

"승희야! 기운 내. 힘들다고 포기하는 것이 좌절이고 실패야."

승희는 전화를 끊고 다시 힘을 내기로 했다.

희미하게 날이 밝아 올 무렵 마무리한 원고를 이메일로 보냈다. 드디어 끝이 났다. 승희는 끝까지 포기하지 않고 노력한 자신이 기특했다. 결과가 어찌 되었건 후회는 하지 않으리라 다짐했다.

승희의 작품은 결국 뽑히지 못했다.

이번 기수에서는 나영의 작품에 영광이 돌아갔다. 다행히 작품에 대한 평가는 그리 나쁘지 않았다. 그래도 섭섭한 마음은 이루 말할 수 없었다. 하지만 한편으로는 이제 막 글쓰기를 시작한 자신이 처음부터 너무 의욕만을 앞세워 지나치게 높은 기대치를 가졌다는 생각도 들었다. 냉정하게 생각해 보니 처음 쓴 작품이 바로 출판되고 공모에 당선되는 일은 별로 없을 듯 했다. 나영만 보더라도 수업을 듣기 전부터 집에서 혼자서 수없이 습작을 해 왔다고 했다. 그런 나영과 자신을 같은 선상에서 놓고 생각했던 것부터가 잘못된 생각이었다.

승희는 이제 남아 있는 수업이나 충실하게 듣기로 했다. 기획안을 작품으로 완성하는 것에 너무 과하게 집착하거나 욕심 부리지 않기로 했다. 그렇게 마음을 정하고 나니 요리왕 대회에서 떨어진 동기도 이젠 좀 더 여유 있고 편안하게 대할 수 있을 것 같았다.

블로그 7

예전의 동기 엄마로 돌아가지 않기 위해…

자식이 스승이라는 말이 참 맞는 소리다. 자식이 성장하는 모습을 지켜보면서 엄마인 나도 많이 배우고 철이 드는 것 같다.

본격적으로 글을 써 보고 싶은 마음은 있었다. 하지만 지난번 강좌에서 숙제로 제출한 기획안이 선생님에게 부정적인 평가를 받은 후 소심하게도 많이 힘들었다. 나보고 글을 쓰지 말라고 한 것도 아닌데 말이다. 그런데 이번에 강좌에서 단편 동화를 공모한다는 소식을 들었을 때는 한 번 해 보고 싶은 마음이 강하게 들었다. 하지만 또다시 상처 받고 좌절할까 봐 두려워 쉽게 결정을 내리지 못했다. 전문적으로 글을 쓰는 작가에 비하면 아직 알에서 부화도 하지 않은 단계니 앞으로 계속해서 시도하고 실패하는 과정을 겪어야 하는 데도 말이다.

이런 내가 용기를 내서 다시 시작해 보겠다는 마음을 먹은 것은 아들의 영향이 컸다. 나처럼 이제 막 요리를 배우기 시작한 아들도 처음으로 치룬 요리 선발 대회에서 실패의 쓴잔을 마신 이후 많이 힘들어 했다. 그럼에도 아들이 다시 요리왕 선발 대회에 도전해 보겠다는 의지를 보였을 때 나도 정신을 차린 것이다. 이렇게 우리 모자는 꽤 충격적이었던 실패와 좌절을 극복하고 한 발 앞으로 나가게 되었다.

나는 지금 이야기를 구성하고 부지런히 글을 쓰고 고치는 작업을 진행하고 있다.

내 블로그 | 이웃 블로그 | 모두의 블로그 | 바로가기 ☑ LOGIN

동시에 동기가 대회 준비를 잘하고 있는지도 세심하게 지켜보고 있다. 기회 있을 때마다 '열심히 하는 모습을 보니 참 기분이 좋다.' '노력하는 아들 덕에 엄마도 힘이 생긴다.'는 진심에서 우러난 칭찬과 격려도 아끼지 않고 있다. 동기는 차차 예전의 활기를 되찾았다. 필기시험을 대비해 책상에 앉아 공부하는 시간도 많아졌다.

그렇다고 내가 늘 동기를 한결 같은 마음으로 바라보는 것은 아니다. 때론 아들이 또다시 좌절의 쓴맛을 경험하게 되는 건 아닐까 하는 생각에 불안하기도 하다. 특히 필기시험을 거쳐야 한다니 또래에 비해 책보고 학습하는 훈련이 잘 안 되어 있는 동기가 과연 잘 해 낼 수 있을지 걱정이다. 그래도 이젠 아들의 일에 시시콜콜 잔소리 하고 간섭하는 예전의 나로 돌아가고 싶지는 않다. 예전의 동기 엄마로 돌아가지 않기 위해서는 글 쓰고 집안 일 하는 것보다 몇 배의 노력이 더 필요하겠지만 나는 노력을 멈추지 않을 것이다. 최소한 자신에게는 부끄럽지 않은 장승희가 되고 싶으니까.

세상과 소통하기

    승희는 식구들이 나가고 난 후 대청소를 했다.

    베란다까지 물청소를 하고 커튼도 뜯어 내 세탁기에 돌렸다. 동기에게 간식으로 먹일 고구마 맛탕과 밑반찬으로 멸치 볶음과 장조림도 정성껏 만들었다. 오랜만에 친정에 안부 전화도 했다. 승희는 푸근한 친정 엄마의 목소리에 그동안 힘들었던 일들을 털어 놓고 싶었지만 다잡은 마음이 약해질까 봐 참았다. 대신 반가운 소식이 있었다. 친정 엄마가 오랜만에 서울 나들이를 하신다고 했다.

    글 쓴다고 그동안 소홀히 했던 블로그에도 들어가 보았다. 게시판에는 자식 때문에 속상한 엄마들의 사연이 가득하다. 승희는 시간을 내서 자신의 경험을 이야기해 주면서 성실하게 댓글을 달아 주고 위로를 해 주었다. 요 몇 주 사이에 남들 몇 년 걸려 겪었을 고생을 한꺼번에 치루고 나니 엄마들의 고민이 정말 남의 일처럼 느껴지지가 않았다.

솔직히 얼마 전까지도 승희는 남들의 이야기보다는 자신이 올린 글에 대한 사람들의 반응이 어떤지, 오늘의 방문자 수는 얼마나 되는지에 관심이 더 많았다. 사람들의 글에 댓글을 달아 주는 것은 관리 차원의 성격도 많았다. 하지만 그동안 여러 힘든 일을 겪고 나니 이제 남들의 이야기에 진심으로 관심을 갖게 되고, 마음의 문이 더 활짝 열리고 있었다. 자신이 글을 쓰면서, 요리를 배우는 아들을 지켜보면서 겪었던 실패와 좌절의 경험이 없었더라면 결코 일어나지 않았을 변화였다. 승희는 그간 자신이 헛고생만 한 것은 아니었다는 생각이 들었다.

'꽁지머리가 웃겠다. 장승희 이제야 철들었다고.'

승희는 자신도 모르게 피식 웃음이 나왔다.

동기는 그간 많이 힘들었는지 심하게 감기 몸살을 앓았다. 아파도 웬만하면 잘 버티던 동기였는데 이번에는 결석까지 하고 자리에 누웠다. 승희는 그동안 표현도 못하고 많이 힘들었을 아들을 생각하니 마음이 짠했다. 남편도 출근해서 전화를 자주 했다. 오후에는 바른이 엄마까지 전화를 했다.

"동기 많이 아프다며? 괜찮은 거야?"

걱정스런 바른이 엄마의 목소리를 들으니 자신이 그동안 너무 바른이 엄마를 의식해서 불편해 했던 것이 좀 미안했다.

"병원 다녀왔어. 바른이는 괜찮아?"

실패라곤 전혀 모르고 자라 왔던 바른이도 예선전 탈락은 꽤나 충격적이었을 것이다.

"자존심이 상했는지 별로 표현은 안 해. 그런데 내가 시집살이해."

바른이 엄마도 이런 말을 하다니 승희는 너무 놀랐다.

"왜? 무슨 일 있어?"

바른이는 요즘 엄마의 말에 뭐든 시큰둥 별로 반응이 없다고 한다. 요리는 물론 공부에도 흥미도 의욕도 없다고 했다. 엄마의 말을 대놓고 거역하지는 않지만 애가 그냥 허깨비 같다고 했다. 천하의 바른이 엄마도 걱정이 되는 눈치였다.

"바른이 이따가 문병갈 거야."

"무슨 문병씩이나."

"미우나 고우나 그래도 걔들이 함께 한 세월이 있잖아."

빈틈없고 깍듯하기만 해서 쉽게 정이 가지 않았던 바른이 엄마였다. 하지만 그런 바른이 엄마도 자식 문제에선 결코 완벽할 수도 자유로울 수도 없다는 것을 확인하자 한결 친근하게 느껴졌다. 다른 방식으로 고민하고 행동하지만 엄마라는 같은 배를 탄 동료라는 생각도 들었다.

바른이도 얼굴이 핼쑥하고 기운이 없었다. 안쓰러웠다. 바른이는 늘 동기의 비교 대상이자 시기와 질투, 부러움의 대상이었다. 그런데 그것도 다 자신이 만들어 낸 부질없는 마음의 장난이었다는 생각이 들자 부끄럽고 미안했다. 동기도 바른이도 힘든 과정을 통해 성장하고 있는 아이들일 뿐이었다.

힘들어 하던 동기는 많이 편안해졌다. 하지만 승희는 매사에 의욕적이고 에너지가 넘치던 아들의 변화가 마음에 걸렸다.

"저러다 만성 의욕상실증 걸리는 건 아니겠지?"

승희는 퇴근한 남편의 옷을 받아 걸며 걱정스럽게 물었다.

"그게 무슨 말이야?"

남편은 밑도 끝도 없는 승희의 말에 놀랐다.

"동기말이야! 천방지축 날뛰던 망아지가 완전히 순한 양이 됐다니까. 편안하고 차분해 보이기는 하는데 사람이 생긴 대로 살아야지 병

나면 어떡하죠?"

"이 사람아! 아무리 애지만 어떻게 금방 아무 일 없었던 것처럼 돼?"

"아니야, 요즘 너무 심해."

동기는 요리왕 선발 대회에서 탈락한 후 집에 있는 시간이 많아졌다. 처음 며칠은 아파서 쉬고, 그 다음은 꽁지머리가 해외 출장을 갔기 때문이다. 그 동안 요리 수업과 학원 공부를 같이 하느라 늘 바빴던 동기가 갑자기 한가해진 것이다. 그래서인지 동기는 모든 일에 의욕이 없어 보였다. 먹는 것도, 게임도 심지어 아이들하고 노는 것까지 별로 신 나하지 않았다.

"요리 수업은 어떻게 할 건지 통 말도 없고."

승희는 동기가 앞으로 요리를 계속 할 것인지 궁금했지만 먼저 물어보지는 않았다. 아들이 스스로 선택할 수 있을 때까지 시간을 주고 싶어서였다.

자신은 잘 느끼지 못하고 있었지만 승희도 동기 못지않게 변해 있었다.

"요리왕 선발 대회 패자 부활전이 열린대."

학교에서 돌아온 동기는 지나가는 말처럼 슬쩍 이야기를 꺼냈다.

"나가고 싶어?"

혹시나 싶어 승희가 재빨리 물었다.

"그냥 저번에 바른이가 문병 왔을 때 이야기하더라고."

승희는 굳이 말하지 않아도 아들의 속마음 정도는 훤히 들여다볼 수 있다. 아무리 관심 없는 척해도 패자 부활전에 무척 나가고 싶어 하는 것이 보였다. 쉽게 싫증 내고 잘 안 되면 중간에 포기하는 일이 많았던 동기에게 전에 없던 의지와 끈기가 생긴 것이 승희는 놀랍고 대견스러웠다. 하지만 동기의 패자 부활전 참가는 반대했다. 만에 하나 패자 부활전에서조차 떨어진다면 그때는 지금보다 더한 마음의 고통을 겪게 될 텐데 그렇게 하고 싶지는 않았다.

"동기야, 이젠 요리 때문에 스트레스 받는 일은 그만하자."

"알아. 누가 나간대?"

동기가 정색을 하며 대답했다. 아마 동기도 승희처럼 또 다시 실패를 경험하게 될지도 모른다는 생각에 겁을 내고 있는 듯 했다. 그래서 나가겠다고 적극적으로 이야기하지 못하는 것 같았다.

"이젠 학교 생활에나 충실하자. 요리는 그냥 취미로 시간 날 때 하면 되잖아."

동기는 더 이상 대답하지 않았다. 승희는 반대해 놓고도 마음이 편치는 않았다. 아들이 안쓰럽고 걱정이 됐다.

그날 밤 승희는 남편에게 동기와 낮에 있었던 일에 대해 이야기했다. 요즘 승희는 남편과 이야기하는 시간이 많이 늘었다. 자신의 이야기를 성실하게 들어 주는 남편 덕에 대화할 맛이 났기 때문이다. 남편은 더 이상 자신이 무슨 말만 하면 건성으로 듣고 지레짐작으로 추측해서 자신의 주장만을 내세우던 예전의 남편이 아니었다. 승희는 남편이 언제부터 변하기 시작했는지 잘 알 수 없었지만 암튼 기분은 좋았다.

"동기가 처음엔 하기 싫은 공부 좀 피해 보려고 요리를 시작했었는데 아무래도 이젠 요리에 대한 자발적인 동기가 생긴 것 같은데?"

"자발적 동기?"

"그래! 요리 자체가 흥미롭고 해 보고 싶은 의욕이 생기는 거. 아마 우리가 못하게 해도 그냥 포기하지 않을걸?"

승희는 남편의 뜻밖의 대답에 적잖이 놀랐다. 이럴 땐 자신보다 동기에 대해 더 잘 알고 있었다.

"그럼 어떻게 해?"

"뭘 어떡해? 그냥 놔둬야지. 자발적 동기가 생겼다는 건 앞으로 무슨 일을 하더라도 도움이 될 만한 경험이잖아. 오히려 잘 된 일이지 뭐. 그냥 모르는척 하자고!"

"듣고 보니 그러네. 자발적 동기가 생겼다……. 그래, 그럴 수 있겠어."

승희는 남편이 자식 문제도 객관적으로 볼 수 있을 만큼 합리적인 사람이라는 사실을 새삼 확인했다.

드디어 친정 엄마가 오셨다. 승희는 물론 남편과 동기도 무척이나 반겼다. 승희는 친정 엄마가 좋아하는 나물 반찬을 골고루 만들어 정성스레 저녁상을 차렸다. 승희네 저녁 식탁에 웃음꽃이 활짝 피었다. 동기는 모처럼 예전의 모습을 되찾았다. 외할머니 앞에서 장난스럽게 어리광을 피우는가 하면 큰 소리로 친구들 흉내를 내면서 웃고 떠들었다. 승희도 남편도 오래간만에 맘 편하게 즐거운 시간을 보냈.

승희는 별 말 없이 그저 웃으면서 식구들의 이야기를 들어 주는 것만으로도 이런 행복을 느낄 수 있게 해 주는 친정 엄마가 고마웠다. 동기는 밤이 늦도록 외할머니를 놓아 주지 않았다. 그동안 못다 한 이야기가 뭐가 그리 많다고 이야기 소리가 끊이질 않았다. 승희는 외할머니와 손자가 두런두런 나누는 이야기 소리와 간간히 흘러나오는 유쾌한 웃음소리를 들으면서 스르르 잠이 들었다.

승희는 남편과 동기가 모두 나가고 난 다음에야 온전히 자신의 엄마를 차지할 수 있었다. 베란다의 화초들을 살펴보며 해바라기를 하고 있는 친정 엄마는 승희가 따뜻한 국화차와 인절미를 내오자 그때서야 딸과 오붓한 시간을 가지게 되었다. 승희는 동기가 식당에 불을 내고도 오늘의 메뉴 선정에서 떨어진 일, 요리왕 대회 예선마저 떨어지고 힘들어 했던 일 그리고 이제 패자 부활전에 관심을 보이는 일까지 단숨에 이야기했다.

"네가 패자 부활전에는 나가지 말라고 했다며?"

친정 엄마는 승희의 이야기가 끝나기를 기다렸다가 나지막하게 물었다.

"동기가 그래? 말은 그렇게 했지. 그런데 동기 아빠가 그냥 두고 보재. 그냥 놔두려고."

"잘했다. 다시 떨어질까 봐 걱정이 되는지 많이 망설이고 있더구나."

"그렇겠지. 요번에 얼마나 실망이 컸었는데. 그래서 엄마는 뭐라 그랬어요?"

외할머니 말을 잘 따르는 동기이기에 승희는 친정 엄마가 어떻게 대답했는지 무척 궁금했다.

"뭐라긴! 용기를 내라고! 바른이랑 함께 열심히 해 보라고 했지."

"그럴 줄 알았어. 어쩐지 아침에 기분이 좋다 했더니. 그래서 앞으로 어떻게 할 거래요?"

"그냥 모르는 척 두고 보기로 했다며 뭐가 그리 궁금해?"

친정 엄마는 웃고 있었지만 간밤에 손자랑 나눴던 이야기를 자세히 들려 줄 생각은 없어 보였다.

"알았어요."

승희도 더 이상은 묻지 않았다. 이참에 아예 아들을 믿고 맡겨 보는 것도 괜찮을 것 같았다.

"그러는 넌 동화 쓴다고 바쁘다며 어떻게 됐니?"

"어? 엄마가 그걸 어떻게 알았어요?"

"어떻게 알긴? 나도 다 정보원이 있지."

"정보원?"

그랬다. 친정 엄마는 동기 덕분에 그간 승희에게 일어난 변화들에 대해 대충 알고 있었다. 승희는 아들의 이야기에 이어 동화를 쓰면서 겪은 자신의 고난과 역경도 털어놓았다.

"그래서 동화 쓰는 건 이제 아예 접은 거니?"

딸의 긴 이야기를 다 듣고 난 친정 엄마가 자상하게 물었다.

"그냥 수업이나 충실히 들으려고. 졸업 과제로 장편 동화 한 편을 제출해야 하지만 작품을 완성하는 사람은 별로 없대. 나도 거기에만 매달리진 않으려고요."

"그동안 준비해 왔었는데 아쉽지는 않고?"

"처음에는 너무 섭섭하고 속상하고 그랬는데 이젠 홀가분하고 편해요. 처음부터 너무 욕심부린 거지 뭐."

"그래 잘 생각했다. 네가 처음에는 남들에게 인정받기 위해서 글을 쓰는 것 같더니만 이제는 글 쓰는 것 자체를 즐기는 것 같더구나."

"네? 그게 무슨 말이에요?"

"자식 때문에 가슴에 천불 난 엄마들의 속풀이 방 나도 거기 단골손님이야."

"엄마가 컴퓨터를? 네 블로그엘? 거긴 또 어떻게 알았어요?"

"내 정보원!"

"동기 얘가?"

"요즘 글들은 아주 좋더구나. 진솔하고 또 남들의 고충을 헤아리는 마음도 느껴지고."

"그래? 엄마 칭찬 들으니까 기분 좋네."

"승희야! 꼭 등단하고 책을 내야만 작가니?"

"……."

"세상이 좋아져서 작가가 세상과 소통하는 방식이 아주 다양하더구나. 네 블로그도 서로 소통하고 나누기에는 더할 나위 없이 좋은 공간이고. 블로그가 아니라면 나 같은 늙은이가 어떻게 딸이 쓴 글을 바로바로 읽어 볼 수 있었겠니? 동화 쓰는 것은 다음 기회로 미루더라도 글쓰기 자체는 그만두지 말고 계속 했으면 좋겠다. 넌 잘 할 수 있을 거야!"

승희는 친정 엄마의 애정 어린 충고와 격려에 자신도 모르게 눈물이 핑 돌았다.

블로그 8

장승희, 나동기 모자 드디어 삶의 자발적 동기 발견하다.

친정 엄마는 내려가셨다. 그리고 나는 다시 컴퓨터 앞에 앉았다. 친정 엄마의 지지와 격려로 글쓰기에 더욱 용기를 가지게 되었다.

동기는 거듭된 실패에도 불구하고 요리왕 패자 부활전에 나가려고 한다. 남편은 아들에게 요리에 대한 자발적인 동기가 생겼기 때문이라고 했다. 요리 자체에 흥미와 호기심이 생겼다는 것이다. 그러고 보니 동기가 꼭 입상하거나 주변에 인정을 받기 위해 대회에 나가려는 것 같지는 않았다. 요리하는 걸 정말 재밌어 했다.

그런데 요즘 나도 뭔가 변하기 시작했다. 동화 쓰기를 포기하고 나니 오히려 글쓰는 것이 더욱 편안하고 재미있어졌다. 이제는 컴퓨터 앞에서 시간 가는 줄 모르고 글을 쓸 때도 있다. 전처럼 남들에게 인정받으려고 애써서 글을 쓰는 것이 아니다. 작가가 되기 위해서 글을 쓰는 것도 아니다.

친정 엄마 말대로 글 쓰는 것을 좋아하게 된 것이다. 나의 소박하지만 솔직한 생활 이야기가 다른 사람들에게 조금의 위로와 위안을 준다는 것에 보람을 느낄 때도 있다. 게다가 글쓰기가 나를 더욱 활기 있고 의욕적인 사람으로 만들어 가고 있다. 동기가 요리에 자발적 동기가 생긴 것처럼 아마 나도 글쓰기에 대한 자발적 동기가 생기기 시작한 듯하다. 이제 우리 모자는 요리도 글쓰기도 쉽게 포기하지 않을 것 같다.

뜻밖의 제안

승희에게 박현자 편집주간으로부터 만나자는 전화가 왔다.

뜻밖이었지만 반갑고 궁금한 마음에 약속 장소로 한달음에 나갔다. 박현자 편집주간은 승희에게 깜짝 놀란 만한 제안을 했다. 그동안 승희가 블로그에 올렸던 글들을 모아 책으로 내면 어떻겠냐는 것이다. 박현자 편집주간은 자식을 키우면서 비슷한 어려움을 겪고 있는 부모들에게 실질적인 도움을 줄 수 있는 좋은 기회라고 강조했다.

하지만 승희는 그 자리에서 선뜻 제안을 받아들일 수가 없었다. 너무 갑작스럽기도 했고, 자신이 과연 책을 낼 만한 자격이 있는지 걱정스러웠다.

망설이는 승희의 심정을 헤아린 박현자 편집부간은 좋은 소식 기다린다며 충분히 생각해 보고 연락하라고 당부했다.

불과 얼마 전까지 자신의 이름으로 된 책을 내고 싶어 며칠 밤을 새워 가며 기획안을 만들고 원고를 썼던 승희였다. 기회의 문은 전혀 뜻하지 않은 곳에서 열렸다. 하지만 마음의 결정을 내리기는 어려웠다. 간절히 원했던 것이었지만 막상 자신의 이름으로 책이 나올 걸 생각하니 부담이 이만 저만이 아니었다. 친한 친구들끼리만 돌려 보던 일기장을 학교 전체에 공개하는 기분이었다. 게다가 블로그 글이야 썼다가도 마음에 안 들거나 문제가 생기면 삭제할 수 있고 최악의 경우는 블로그 자체를 폐쇄할 수도 있다. 그러나 책으로 나온 이후엔 원치 않는 일이 생기더라도 자신의 힘으론 어찌 할 수 없는 노릇이었다. 상상으로 만든 창작물도 아니고, 자신의 진짜 가족 이야기를 세상에 알려야 하는 것인데 그 부담과 책임감은 생각할수록 더했다. 그냥 지금 이대로도 만족스러운데 일부러 일을 키울 필요가 없을 것 같았다.

그날 밤 승희는 남편에게 출판 제안에 대해 조심스럽게 이야기를 꺼냈다.

"당신은 집안 얘기 세상에 다 알리는 거 별로지?"

자신의 이야기가 포털 메인에 처음 올랐을 때 예민하게 반응했던 남편이었다. 그 이후로도 블로그에 글을 쓸 때면 남편을 의식하곤 했었다.

"우리 집 얘기야 당신이 항상 블로그에 생중계 하고 있으면서 새삼스럽게 왜 그래?"

남편은 의외로 대수롭지 않게 말했다.

"내가 블로그에 무슨 이야기를 쓰는지 당신이 어떻게 알아? 당신이 읽어 봤어?"

"그걸 꼭 읽어 봐야 아는 거야?"

남편은 아니라고 꼭 못 박지는 않고 어정쩡하게 대답했다. 승희는 순간 혹시 남편도 친정 엄마처럼 자신의 블로그에 들어가 보는 것이 아닐까라는 의심이 들었다.

"오늘 새라 출판 기념회에서 만났던 편집주간이 그동안 블로그에 올렸던 글을 모아서 책으로 내 보지고 그러더라!"

승희는 아직 마음의 결정을 내리지 못해 남편의 의견이 궁금했다. 출판 여부와는 관계없이 자신의 글이 출판사에서 인정을 받았다는 사실을 자랑하고 싶은 마음도 컸다. 남편은 신기하다는 듯이 눈을 크게 뜨고 승희를 쳐다봤다.

"그래? 우리 집에서 드디어 작가가 탄생하는구먼! 계약은 언제 하재?"

"근데 출판을 할지 아직 결정을 못 내리겠어."

"왜?"

남편은 이해가 안 된다는 표정이다.

승희는 책으로 대놓고 집안 이야기를 하기는 아직 썩 내키지 않는다고 했다. 남편은 다른 사람들에게도 도움이 될 수 있는 일이니 너무 겁먹지 말고 천천히 생각해서 결정하라고 했다.

"근데 당신 대단하다! 출판 제의까지 받고……."

남편 입에서 대단하다는 소릴 들다니 입이 헤벌어지도록 기분 좋은 일이었다.

동기와 바른이는 패자 부활전을 통과하고 드디어 본선에 진출하게 되었다. 부모 몰래 준비하느라 어려움이 많았던 아이들이 힘들게 얻어낸 값진 결과였다. 동기는 물론 승희와 남편도 무척 기뻤다. 이제 동기는 다시 의욕적으로 본선 준비를 하기 시작했다.

그런데 아이들이 패자 부활전에 나갔던 것을 몰랐던 바른이 엄마가 평소답지 않게 격앙된 목소리로 전화를 했다.

"애들 패자 부활전 나갔다 통과한 거 알지?"

"응. 어제 동기한테 들었어!"

"어떻게 거짓말까지 하면서 이런 깜찍한 일을 벌일 수 있는 거야?"

바른이 엄마는 딸이 자신 몰래 대회에 나갔던 것에 몹시 배신감을 느끼고 있었다. 바른이의 모든 스케줄을 관리하고 아이에 대한 정보를 속속들이 꽤 차고 있었던지라 감쪽같이 속았다는 것이 아직까지 믿기지 않는 듯했다.

"우리가 반대하고 지들도 또 떨어지면 면목이 없으니까 그랬겠지. 그래도 통과했으니까 잘 된 거지."

승희는 바른이 엄마가 그냥 한 번 넘어가 주기를 바랐다.

"요리왕 대회가 뭐 그리 중요하다고 안 하던 거짓말까지 하고 패자 부활전에 나갔는지 이해가 안 돼! 물어도 대답도 잘 안 하고."

바른이 엄마는 요즘 들어 자신의 방식대로 관리가 잘 안 되는 딸 때문에 심기가 불편한 듯했다.

"요리에 대한 순수한 흥미가 생긴 거 아닐까?"

승희는 어쩌면 바른이도 동기처럼 요리에 대한 자발적 동기가 생겼을 수도 있겠다 싶었다.

"흥미? 글쎄. 바른이는 내가 정해 주는 대로 착실하고 성실하게 따라 주는 편이라 별 문제는 없었지만 자발적으로 흥미나 의욕을 보인

적은 별로 없었는데…….”

승희는 요리를 시작한 이후로 동기가 보여 준 일련의 변화들을 이야기해 주었다. 자식 교육이라면 전문가 수준이라 할 수 있는 바른이 엄마였다. 하지만 이번에는 승희의 말을 신경 써서 들었다.

"암튼 본선에서는 좋은 결과를 얻도록 신경 좀 써야겠네. 자기 말 듣고 보니 이런 경험이 좀 더 자기 주도적으로 공부할 수 있는 데 도움이 될 것 같아!"

바른이 엄마는 한참을 듣다가 명쾌하게 대답했다.

승희는 자신은 힘들게 깨달은 것을 금방 이해하고 바로 활용하는 바른이 엄마의 태도에 새삼 놀랐다. 하지만 바른이 엄마처럼 되고 싶은 마음은 없었다. 완벽해 보이는 바른이 엄마도 자식 교육에 고충이 많다는 걸 요즘 알게 되었다. 자신과 별반 다르지 않았다. 승희는 서로의 스타일이 다를 뿐 자신도 바른이 엄마도 각자의 방식으로 최선을 다하고 있을 뿐이라고 생각했다. 승희는 자식 교육에 완성된 최선의 방법은 없다는 걸 요즘 경험을 통해 깨달았다.

승희는 본선에 진출한 동기를 도왔다. 그런데 전과는 좀 달랐다. 리포트 쓰기, 설거지 등 할 일을 대신 해 주는 것이 아니라 동기가 자신의 힘으로 잘 할 수 있도록 관심 있게 지켜보며 용기를 북돋아 주었다. 동기는 자신을 믿어 주는 엄마 아빠 덕에 전보다 훨씬 안정적으로 대회 준비를 해 나갔다. 승희도 부지런히 블로그에 글을 썼다. 이제는 댓글을 달아 주는 사람들의 블로그에도 들어가 자신도 댓글을 달아 주었다. 글쓰기는 승희와 그들을 이어주는 징검다리였다. 모든 일이 순조롭게 잘 풀리고 있었다.

마침내 승희는 박현자 편집주간의 제안을 거절했다. 그냥 지금 이대로도 만족스럽고 편안했기 때문에 일부러 번거로운 일을 만들어 신경 쓰기가 싫었다.

그런데 막상 출판 제의를 거절하자 마음이 불편했다.

동기를 잘 키우기 위한 고민으로 시작된 글쓰기였다. 크고 작은 사건 사고를 겪으면서 글 쓰는 것 자체에 재미를 느끼게 되었다. 이젠 아들을 위해서도, 남들에게 인정받기 위해 글을 쓰는 것도 아니다. 그저 글을 쓰는 것이 흥미롭고 재밌을 뿐이다.

그런데 이런 자신이 이기적일 수도 있겠다는 생각이 들었다. 박현자 편집주간은 승희의 생생한 경험담이 아이 문제로 고민하는 부모들에게 도움을 줄 수 있을 것이라고 했다.

승희는 공부 못하는 아들과 지지고 볶는 소소한 이야기를 만천하에 공개하면서까지 남을 위하고 싶지는 않았다. 자격이나 능력 부족 등 겉으로 내세우는 이유는 핑계에 지나지 않았다. 남 좋은 일 하자고 막중한 책임감과 부담감을 자처하기는 싫었던 것이다. 그런데 예상 밖의 이상한 일은 또 생겼다.

오후에 승희는 좋은 학부모 되기 모임이라는 시민 단체로부터 전화를 받았다. 승희의 블로그가 엄마들 사이에서 꽤 유명하다며 회원 모임의 날 특별 강연을 해 달라는 것이다. 승희는 황당하고 민망해서 말이 잘 나오지 않았다. 그러나 곧 정신을 차리고 교육 전문가도 아니고 유명인사도 아닌 자신에게 강의를 부탁하다니 이건 말도 안 되는 소리라며 거절을 했다. 상대방도 쉽게 물러서지는 않았다. 요즘 부모들은 전문가들의 조언보다는 자신들의 고충을 잘 이해하고 있는 비슷한 사람들의 이야기에 더 관심이 많다며 그냥 글로 올렸던 경험들을 정리해서 편안하게 발표하면 된다고 했다. 승희의 거절을 미리 예상이라도 하고 있었는지 담당자는 끈질기게 설득하고 예의바르게 부탁했다. 마음 약한 승희는 일단 시간을 달라는 말로 난처한 상황을 피했고, 다시 전화하겠다는 말로 통화는 마무리됐다.

승희는 자신에게 자신의 능력 이상을 요구하는 이런 일들이 왜 자꾸 생기는지 이해할 수 없었다. 동기와 남편과 잘 지내게 되니 이제는 집

밖의 일들이 자꾸 자신을 피곤하게 만들고 있었다. 그런데 중요한 것은 이런 일들을 거절하고 나서도 승희의 마음은 편치 않다는 것이다. 승희는 가족 아닌 사람들이 자신처럼 평범한 아줌마에게 뭔가를 필요로 한다는 것을 받아들이고 싶지 않았다.

"좋은 학부모 모임이라는 데서 강의해 달라고 전화 온 거 있지?"

승희는 아무리 생각해도 믿기지 않는 듯 낮에 있었던 일을 남편에게 상세하게 보고했다. 그런데 남편은 승희에게 깜짝 뉴스를 듣는 것이 재밌어 죽겠다는 표정이다.

"당신 이제 정말 유명 인사네! 이럴 줄 알았으면 이참에 책도 같이 내면 좋았을걸. 아깝다."

"농담하지 말아요. 나 머리 아파! 동기 땜에 만날 속 끓이다 이제 좀 살 만하니까 이게 뭔 일이래?"

"그냥 골치 아픈 자식 문제 난 이렇게 극복하고 있는 중이다. 솔직하게 얘기하면 되는데 뭐 그렇게 속이 시끄러워?"

남편은 더 이상 승희가 블로그에 글 올리는 것을 못마땅해 하던 사람이 아니었다. 그는 승희가 책도 내고 강의도 나가기를 정말로 바라고 있었다. 승희는 지금의 이런 상황만큼 남편의 변화도 쉽게 이해가 되지 않았다. 언제부터인지 남편은 무척 다른 사람이 되어 있었다.

"당신 내가 블로그에 글 올리는 것도 싫어하던 사람이었어. 요즘 왜 그래?"

승희가 정색을 하고 물었다.

"너무 복잡하게 생각하지 마. 당신에게도 좋은 경험일 것 같으니까 그러지. 남들과 함께 나눌 수 있는 걸 가졌다는 건 행복한 거 아니야? 난 당신이 부럽구만. 잘 생각해 보고 한 번 해 봐!"

남편은 진지하게 대답했다. 승희는 남편의 입에서 자신이 부럽다는 말이 나왔다는 것이 너무 놀라웠다. 자신은 남편 앞에선 늘 부족한 인간이었다. 빈구석이 많고 우유부단하며 지나치게 감정적이고 걱정이 많았다. 그래서 남편은 늘 자신을 못마땅하게 여기고 있다고 생각했다. 그런데 그런 자신을 남편이 부러워하고 있다니 세상 참 오래 살고 볼 일이다.

'남들과 나눌 수 있는 내가 행복하다고?'

도대체 자신이 남들과 뭘 나눌 수 있다는 건지 승희는 남편의 대답이 아리송했다.

학부모를 위한 특강

본선 준비를 하러 식당에 갔다 온 동기의 얼굴이 어둡다.

"잘하고 왔어? 힘들었나 보네! 저녁 먹을 때까지 좀 쉬어."

승희는 무슨 일인지 궁금했지만 동기가 먼저 말을 꺼내기 전에는 캐묻지 않기로 했다.

"엄마 내가 퀴즈를 잘할 수 있을까?"

"퀴즈? 공부 말이야?"

이번 요리왕 대회 본선에 팀으로 나가기로 한 동기와 바른이는 요리와 퀴즈를 누가 맡을 건지 갈등하고 있었다. 아이들은 둘 다 요리를 하고 싶어 했다. 승희는 지난번 예선에서 동기는 이론이, 바른이는 요리가 부족해서 탈락했으니까 각자 더 잘하는 부분을 하는 것이 여러모로 유리할 것이라고 생각했다.

"바른이가 진짜로 요리하고 싶대?"

"응! 포기할 것 같지가 않아!"

승희는 너무 뜻밖이라 의아했다. 물론 명색이 요리 대회인데 누구나 가장 주목 받는 셰프를 하고 싶은 건 당연하다. 하지만 한 번 요리 때문에 예선에서 떨어진 경험이 있었던 바른이가 굳이 요리를 하겠다니 평소와는 너무 달랐다. 바른이는 동기와는 달리 행동이 앞서는 아이가 아니다. 꼼꼼하게 따져 보고 할 수 있다는 판단이 섰을 때 나서는 신중한 성격이다. 그런 바른이가 도전적인 선택을 하다니 승희는 요리를 배우면서 바른이도 동기 못지않게 변했다고 느꼈다.

"바른이 많이 변했네. 요리가 무지 좋아졌나 보지? 그런데 동기 넌? 요리 대신 퀴즈하려고?"

"나도 당연히 요리하고 싶지!"

동기는 생각이 많아 보였다. 빨리 역할 분담을 하고 준비를 해야 하는데 뾰족한 해결책이 없어 보였다.

"선생님은 뭐라고 하시는데?"

"우리 보고 알아서 하래. 엄마 생각은 어때?"

"글쎄. 네가 요리하는 게 대회에선 유리할 거 같은데……. 바른이 설득할 수 있겠어?"

"잘 모르겠어."

동기는 자신이 없어 보였다.

"동기야, 엄마 생각에는 네가 먼저 어떻게 할지 마음을 결정해야 할 것 같아. 한 번 잘 생각해 봐."

그날 밤 승희와 남편은 동기와 바른이 사이의 문제에 대해 이야기를 나눴다. 부부가 이번 만큼은 의견이 딱 일치했다. 아이들이 문제를 스스로 해결할 때까지 옆에서 지켜본다는 것이다. 그런데 승희는 지켜보는 것이 결코 쉬운 일이 아니라는 것을 안다. 자식 문제에 간섭하고 관여하는 것보다 지켜보는 것이 더 많은 인내심과 노력이 필요하다는 것을 최근에야 비로소 깨달았기 때문이다. 그래도 이제는 자신도 친정 엄마처럼 자식을 믿어 주고, 지켜봐 주고, 격려해 주는 엄마가 되기 위해 노력하겠다고 결심했다.

"엄마 내가 퀴즈 하기로 했어!"

요리 수업에 다녀 온 동기가 환한 얼굴로 현관문을 들어섰다. 승희는 아이들이 본선에서 좋은 성적을 올리기 위해선 결국 각자 잘하는 것을 할 것이라고 생각했었다. 그런데 정반대의 선택을 하다니 정말 깜짝 놀랐다.

"그래? 너 퀴즈 준비는 잘할 수 있겠어?"

승희는 공부에는 자신 없어 하는 동기가 걱정이 됐다.

"걱정하지 마! 바른이가 도와준다고 했어!"

"뭐라고?"

동기는 자신은 요리를 많이 해 봤기 때문에 본선에서 꼭 요리를 하지 않아도 괜찮다고 생각했다. 그러나 퀴즈에는 자신이 없었기 때문에 결정을 쉽게 내리지 못했다. 바른이도 마찬가지였다. 늘 해 오던 공부보다는 자신은 없지만 요리를 꼭 한 번 해 보고 싶었다. 결국 서로 솔직하게 자신의 속내를 털어 놓은 아이들은 각자 자신이 잘할 수 있는 것을 도와주기로 했다. 동기는 바른이에게 요리를, 바른이는 동기에게 공부를 도와주기로 한 것이다.

승희는 아이들의 현명한 결정에 충격을 받았다. 자신이 가지고 있는 것으로 잘해 보려는 어른들에 비해 아이들은 훨씬 도전적이고 결단력이 있다고 생각했다.

그날 이후 동기는 공부하느라 정신이 없었다. 승희는 동기가 이렇게 책상에 오래 앉아 집중하리라고는 상상도 못했다. 좀 쉬었다 하라는 말을 할 정도였다. 한편 바른이는 동기의 도움을 받아 열심히 요리 실습을 했다. 동기 말로는 요리하면서 신 나고 재밌어 하는 바른이 모습은 처음이라고 했다. 아이들은 서로 도와 가며 열심히 본선 진출을 준비했다. 게다가 놀랍게도 동기는 바른이의 도움으로 수학 경시 대회에서 꿈의 80점을 받았다. 승희는 믿어지지가 않아 자신의 뺨을 살짝 꼬집어 보기까지 했다.

내일이면 벌써 요리왕 대회 본선이다. 자신이 시험을 보는 것도 아닌데 승희는 쉽게 잠이 오지 않았다. 자꾸 뒤척이는 승희 때문에 남편도 못 자고 있었다.

"안 자고 왜 그래?"

보다 못한 남편이 졸린 목소리로 물었다.

"여보, 우리 동기가 나보다 훨씬 나은 것 같아."

"그게 무슨 뚱딴지같은 소리야?"

"나 같았으면 끝까지 요리한다고 했을 거야. 내가 잘하는 걸 양보하는 게 어디 쉬워?"

"하긴! 나도 많이 놀랐어. 각자가 가진 장점을 나눔으로써 함께 발전한다. 멋진 발상이야! 우리가 애들한테 배워야겠어. 아이는 어른의 아버지라는 말이 괜히 있는 게 아니야."

 남편의 말을 듣고 나니 승희는 출판 제안과 강의 청탁을 거절했던 일이 떠올랐다. 남들에게 도움을 줄 수 있는 가치 있는 일이었다. 하지만 자신이나 가족에게 별로 이득이 되지 않는 일이기 때문에 괜히 신경 쓰고 고생할까 봐 몸을 사렸었다. 승희는 곰곰이 생각해 보니 자신이 그동안 너무 나와 내 가족의 틀에서만 생각하고 행동해 왔다는 것을 깨달았다.

 '아이들도 자기가 가진 것을 서로 나누면서 함께 배우고 성장하는데 나란 사람은 나이만 먹었지 애들만도 못하구나. 누가 뭐 좀 하자 그러면 내 이득부터 먼저 따지고.'

 승희는 이제라도 틀을 한 번 깨고 나가 보고 싶은 마음이 들었다.

 "여보 나 동기한테 배워야겠어! 그래서 말인데 저번에 당신이 그랬잖아. 내가 남들과 나눌 것이 있어서 좋겠다고."

 남편의 고른 숨소리가 들렸다. 남편은 그새 잠이 들어 버렸다.

 "여보! 나도 이제 내 자식 내 가족만 생각하면서 살지 않을 거야. 내 삶의 영역을 좀 더 넓혀서 남들하고 소통하고 또 나누면서 살아 갈 거야."

 승희는 남편이 아니라 자기 스스로에게 다짐의 말을 하고 있었다.

본선에서 동기는 차분하게 퀴즈를 잘 풀었다. 바른이 또한 그동안 갈고 닦은 솜씨를 마음껏 펼쳤다. 아이들은 동상을 받았다. 하지만 요리왕이 부럽지 않은 자랑스러운 결과였다. 동기와 바른이는 하이파이브를 하면서 시상대에 함께 올랐다.

"바른이가 동기한테 많이 고마워 하고 있어."

시상대에서 기뻐하는 아이들을 보며 바른이 엄마가 승희에게 속삭였다.

"갑자기 그게 무슨 소리야?"

"어젯밤에 바른이가 그러던데. 공부 못한다고 우습게 보고 무시했던 동기한테 많이 배웠다고."

"설마? 우리 동기가 바른이 덕을 많이 봤지. 바른이가 도와주지 않았으면 동기가 80점짜리 수학 시험지를 받아 볼 줄 상상이나 했겠어?"

승희는 바른이가 그런 말을 했다는 것이 믿기지가 않았다.

"자기는 이제까지 엄마가 만들어 준 모범생이었대. 별로 하고 싶은 것도 없고 재밌는 것도 없었대. 그런데 호기심 많고, 좋아하는 것은 앞뒤 안 가리고 덤벼드는 동기랑 대회 준비하면서 배우는 것도 재미있다는 걸 알았대."

"정말이야? 믿어도 돼?"

"응, 진짜야. 동기 덕에 바른이가 많이 변했어. 실패를 두려워하던 마마걸이 의욕적으로 바뀌었어."

승희는 바른이 엄마 입에서 이런 소리가 나올 줄은 꿈에도 몰랐다.

"나도 이번에 느낀 게 많아! 애를 위해 모든 걸 완벽하게 세팅해 주고 관리만 하면 되는 줄 알았는데, 그것보다 더 중요한 건 아이가 자신이 하고 있는 일이나 공부에 흥미와 호기심을 잃어버리지 않도록 끊임없이 동기를 부여하는 것 같더라고. 연구 좀 더 해 봐야겠어!"

승희는 바른이 엄마가 앞으로 더 엄마들의 부러움을 사게 될지도 모르겠다는 생각이 들었다.

늦은 밤인데도 승희는 잠자리에 들 여유가 없다.

내일은 승희가 난생 처음 사람들 앞에서 강의를 하는 날이기 때문이다. 아들의 모습을 보면서 용기를 낸 그녀가 학부모 모임에서 부탁한 특강을 허락한 것이다.

'요리왕 대회부터 시작하는 게 더 나은가?'

승희는 이야기를 어떻게 풀어 갈지 궁리 중이다. 들려주고 싶은 이야기는 많은데 어디서 어떻게 풀어 가야 할지 가닥이 쉽게 잡히지 않았다.

"아직 멀었어?"

남편이 머리를 내밀고 물었다.

"그러게. 강의할 내용은 대충 정리했는데 그걸 어떻게 풀어야 더 재밌을지 고민이야."

"너무 완벽하게 하려고 하는 거 아니야?"

남편이 방으로 들어서며 참견을 했다.

"아니, 초보자 주제에 내가 무슨 완벽까지 바라겠어."

승희가 고개를 흔들었다.

"그냥 솔직하게 옆집 아줌마들한테 수다 떨듯이 하면 어떨까?"

남편이 덧붙였다.

"그래도 그냥 생각나는 대로 주절거릴 수는 없잖아."

"그야 그렇지. 아무튼 체계적으로 설득하려고 하기 보다는 그냥 공감할 수 있게 대화하듯이 하면 사람들이 더 좋아할 것 같은데."

남편이 옆에서 조언을 했다. 계속되는 참견에 조금 귀찮아지려고 하는데, 남편의 손에 뭔가 두툼한 봉투가 들려 있었다.

"그건 뭐야?"

남편은 쑥스러운 듯 어렵게 봉투를 내밀었다. 승희는 남편의 이런

어색한 표정은 연애 시절 자신에게 처음 선물을 주었을 때 이후로 본 적이 없다.

승희는 혼자서 슬며시 웃었다.

"당신은 잘 모르겠지만, 나도 그동안 좋은 부모가 되려고 공부 많이 했어. 자기 강의 준비하는 데 도움이 될까 싶어서. 한 번 참고해 봐. 나 먼저 잔다."

남편은 승희가 뭐라고 할 틈도 주지 않고 나가 버렸다.

"뭔데 그래?"

승희는 남편의 태도가 이상하기도 하고 내용물이 궁금하기도 해서 얼른 봉투를 열어 보았다. 그 안에는 여러 가지 자료가 들어 있었다. 자세히 살펴보니 남편의 편지와 자녀 교육과 관련된 신문 기사와 각종 자료의 복사물, 참고 자료 목록과 인터넷 주소 등이 들어 있었다.

"아니, 이 양반이……."

승희는 그 동안 남편이 조금씩 변하고 있다고 생각했다. 그런데 남편이 스스로를 변화시키기 위해서 어떤 노력을 얼마나 했는지는 잘 모르고 있었다. 이제 보니 남편은 남몰래 이런저런 많은 노력을 하고 있었다. 그걸 알고 나니 정말 미안하고 고마운 마음이 들었다. 승희의 눈가에 어느새 눈물이 고였다.

동기 엄마에게!

말로 하기 쑥스러워서 몇 자 적어. 최근 몇 달 사이에 우리 가족에게는 정말 많은 변화가 일어난 것 같아. 언제 철드나 싶었던 동기가 이제는 제법 책임의식도 생기고, 자기 일도 열심히 하고, 항상 동기 때문에 전전긍긍하던 당신도 많이 여유로워진 것 같아. 무엇보다도 당신이 원하던 즐겁고 보람된 일을 찾았으니 정말 축하할 일이야! 하지만 진짜 큰 변화는 내가 달라졌다는 점이야. 당신도 잘 알고 있지만 내가 원래 융통성이 없고 고지식한 성격이라 당신하고 동기에게 별로 인기 없는 사람이었잖아. 지금도 뭐 그렇게 자신 있는 건 아니지만, 그래도 예전보다는 당신이나 동기와 무척 가까워진 느낌이야. 정말 고마운 일이지.

내가 일 밖에 모르고 가족에겐 늘 엄한 사람으로 찍혀 있지만, 사실은 나도 마음 속으로는 정말 다정다감한 좋은 남편, 인자한 아빠가 되고 싶었어. 그런데 그렇게 되는 방법을 잘 모르겠더라고. 내가 좀 어려운 환경에서 커서 그런지 가족들에게 물질적으로 부족하지 않도록 해 주는 것이 가장의 책무라고만 생각하고 있었어. 물론 지금도 그 생각이 완전히 바뀐 건 아니지만, 그래도 지금은 그게 전부는 아니라는 걸 깨닫게 되었어. 당신은 어떻게 받아들

일지 몰라도 나에겐 정말 큰 변화라고 생각해.

솔직히 고백하는데, 늘 아웅다웅하면서 티격태격하는 당신과 동기 사이가 부러울 때가 많았어. 그게 뭐가 부럽냐고? 내가 우리 집에서 왕따였잖아! 나에게 가족이라야 달랑 당신하고 동기 둘뿐인데, 당신하고 동기가 산 나에게 이야기하다가도 내가 오면 피하고 그런 적이 많았잖아. 게다가 동기는 힘들고 어려운 일만 있으면 당신을 찾더군. 그럴때마다 내가 가족들에게는 '참 대하기 어려운 사람이구나.' 라는 걸 느꼈어. 전에 동기가 삐쳐서 혼자 외할머니 집에 간 적이 있잖아. 그때 이런 생각이 들더군. '자식! 엄마랑 힘든 일이 있으면 아빠인 나하고 의논하면 되지 나한테는 기회도 주지 않고 혼자 일을 내는구나.' 싶더라고. 사실 그때 '더 늦어지기 전에 동기랑 가까워져야 되겠다.' 는 결심을 했어. 그러고 보니 그날의 가출 사건은 동기한테 고마워해야 할 일이었네.

동기가 요리를 배우겠다고 했을 때도 처음에는 반대를 했지만, 그걸 계기로 당신하고 동기가 나를 상대할 일이 많아지겠구나 싶어서 한편으로 절호의 기회다 싶었어. 속으로는 다행이라는 생각까지 들었지. 그래서 못 이기는 척하고 허락한 거였어. 당신 전혀 몰랐지? 그리고 내색은 안 했지만, 나 동기가 요리 수업하러 다닐 때 신경 많이 썼다고. 여기저기 자료도 많이 찾아

보고. 돌이켜 보니 동기가 요리 수업을 다니면서 정말 이런저런 많은 사건 사고를 쳤더라고. 그 바람에 당신도 참 많이 힘들었고. 그런데 본의 아니게 내게는 아빠로서의 역할을 할 수 있는 기회가 많이 생기더군. 처음에 녀석이 시험 성적을 속이고 불까지 내는 걸 보고 화도 많이 났지만 한편으로는 '이 녀석도 참 힘들겠구나.' 싶더라고. 그런데 신기한 것은 화가 나면서도 어쩐 일인지 앞으로 동기에게 좀 관대해져야겠다는 마음이 들더라고. 그러니까 그 다음부터는 화를 내면서도 가능한 한 동기 입장에서 생각해 보려고 노력하게 되고 말이야.

당신도 그랬겠지만 나에게는 지난 몇 달이 참으로 소중한 시간이었어. 나는 정말 소중한 깨달음을 얻었거든. 그게 뭔지 알아? 처음에는 공부에 전혀 관심 없던 녀석이 어떻게 요리에는 저런 열정을 보일까 그게 참으로 궁금했었어. 그래서 의문을 갖게 되고 나름대로 그 의문을 풀어 보려고 꽤 노력했지. 그리고 그 과정에서 동기 못지않게 많은 것을 배우게 되었어. 학습하고 배우는 일에서 가장 중요한 요소가 바로 자발적 동기라는 걸 깨닫기 시작했던 거지. 동기가 전에 없는 근성과 끈기를 보이면서 요리왕 대회에 나가는 것을 보면서 확신이 들더군. 당신 줄 쓰는 것도 그렇고. 누가 뭐라고 해도 꼭 해보고 싶고, 힘들더라도 그걸 해야만 즐거운 그런 것. 그러고 보면 당신하고 동기는 성공한 거야.

그러면 나는? 나는 아직 절반의 성공이라고 생각해. 나 요즘 부쩍 아빠역할에 대해 자발적 동기가 마주 생기고 있으니까 지금 보다 더 잘하고 싶고 부모의 역할에 대해 흥미를 느끼고 배울 것도 많이 생기고 그러는 거 보니까 일단 시작은 한 것 같아.

나 당신 블로그에 자주 들어가 봤어. 만날 힘들어 죽겠다고 하는 당신이 잘 이해가 되지 않았었는데 당신 글을 읽다 보니 맞는 말이 많더라고. 나도 좀 부드러워지고 가족들의 어려움에 관심을 기울여야겠다는 반성과 각오를 하는 계기가 되었어. 그리고 이 말은 꼭 해 주고 싶었는데, 당신 참 글을 잘 쓰더군. 그리고 나 이 글 쓰는데 열 번은 더 고쳐 쓴 거야. 당신만큼은 안 되지만 그래도 글 쓰는 아내의 남편 노릇 하려면 이 정도 노력은 해야겠다고 생각했지.

아무튼 그동안 당신도 동기도 참 고생 많았어! 앞으로는 나도 함께 고민하고 의논하는 남편과 아빠가 되도록 더욱 노력할게. 당신도 열심히 글 써서 꼭 멋진 작가 되라고! 지금도 물론 충분히 훌륭한 작가이지만……

장승희 여사의 남편

엄마, 공부 할래!

"동기야, 엄마 핸드폰 봤어?"

승희는 분주하고 떨리는 마음으로 외출 준비를 서둘렀다. 오늘은 '자식 때문에 가슴에 천불 난 엄마들의 속풀이 방' 회원들의 첫 번째 정모가 있는 날이다. 지난번 좋은 학부모 모임에서 한 강의가 좋은 평가를 받아 카페 회원들에게도 강의를 하라는 요구가 빗발쳤던 것이다. 결국 짧은 강의를 곁들인 정기 모임을 가지기로 했다.

"여보, 이 옷 어때? 너무 나이 들어 보이나?"

승희는 거울을 보며 남편의 의사를 물었다. 승희는 그동안 자신에게 많은 관심과 지지와 성원을 보내 주었던 회원들을 만난다고 하니 설레기까지 했다.

"괜찮아. 어서 나가. 시간 여유 별로 없어!"

"엄마! 오늘 설거지는 내가 할 테니까 빨리 나가."

동기까지 나와 거들었다. 요즘 부쩍 철이 든 느낌이다.

"너는 뭐하면서 집에 있을 거야?"

승희가 신발을 신으며 동기에게 물었다.

"나? 난 공부 할래!"

동기가 장난스럽게 대답했다.

"참 살다 보니 별 일이 다 있네. 동기 입에서 '공부 할래!' 소리가 다 나오고."

"엄마 또 그 소리. 자꾸 그러면 나 공부 안 한다."

동기가 제법 진지한 표정으로 화를 낸다. 승희는 정말 믿기지가 않는다. 요즘 동기 입에서 '공부 할래!' 소리가 자주 나오는 게 아무래도 꿈을 꾸는 것만 같다.

"난 당신 데려다 줄게."

갑자기 남편이 승희를 따라나서며 거들었다.

"데려다 준다고? 왜?"

승희의 눈이 커졌다.

"이게 당신한테는 중요한 글쓰기 공부잖아. 그러니까 내가 편하게 모셔다 드려야지."

"뭐야, 나 혼자 갈 수 있는데."

쑥스러운 미소를 띠며 말은 그렇게 했지만 승희는 데려다 주겠다는 남편이 고마웠다. 전철 갈아타고 택시까지 타야 해서 많이 번거로웠는데……. 휴일 오전이라 그런지 다행히 길은 막히지 않았다. 승희는 남편의 친절한 배려 덕분에 약속 장소에 여유 있게 도착했다.

"고마워. 운전 조심하고."

승희가 안전벨트를 풀며 남편에게 당부했다. 차에서 내려 몇 걸음 걸어가는데 누군가 그녀를 부르는 소리가 들렸다. 뒤돌아보니 남편이 차에서 내리고 있었다.

갑자기 남편이 큰 소리로 외쳤다.

"잠깐만! 같이 가! 나도 자녀 교육에 대해 힐 말이 많거는."

"뭐라고? 자기도 같이 가겠다고?"

승희는 순간 망설였다. 남편이 자리를 함께 하면 공연히 어색할 것 같았기 때문이다. 하지만 생각해 보니 남편이 가면 안 될 자리도 아닌데다가 오히려 더 재미있을 것 같고, 회원들도 반겨 줄 것 같았다.

승희는 남편이 주차를 하는 동안 고개를 들어 하늘을 보았다. 비좁고 옹색한 가슴을 여니 드넓고 창창한 하늘이 보였다.

이것이 행복일까? 승희는 잠깐 아득해지는 느낌이 들었다. 그 순간 머릿속에서 인상적인 장면이 영화처럼 생생하게 펼쳐졌다.

교실에 앉은 동기의 얼굴이 환하게 웃고 있다. 드디어 성적이 올랐나 보다. 수업 시간에도 산만하지 않다. 공부에 제법 재미를 붙인 모습이다. 어느새 장면이 바뀌어 동기가 주방에 서 있다. 가족을 위해 요리를 하겠단다. 또 다시 장면이 바뀌고 승희의 모습도 보인다. 도심의 커다란 서점이다. 박현자 편집주간이 환하게 웃으며 함께 서 있다. 승희는 그녀의 전폭적인 지지를 받으며 드디어 자신의 이름으로 된 책을 출판한 것이다. 제목은 《동기 엄마의 좌충우돌 교육 일기》인데, 엄마들 사이에서 아주 인기라고 한다. 남편의 얼굴도 보인다. 동기 아빠는 휴일마다 좋은 아빠 모임의 총무 역할을 하느라 정말 바빠졌다.

여러 장면이 휙휙 지나가더니 어느 틈에 남편의 얼굴이 코앞에까지 다가왔다. 이어서 남편의 커다란 목소리가 상념에 빠져 있던 승희를 깨웠다.

"뭐하고 있어? 어서 공부하러 가야지."